結びなおす

教育・仕事・家族の連携へ

本田 由紀

はじめに …… 2
第1章 戦後日本の二つの転機 …… 5
第2章 戦後日本型循環モデルとは何か …… 14
第3章 なぜ戦後日本型循環モデルが成立したのか …… 25
【コラム】社会学を学ぶ人のために ――学説史的な位置づけ …… 35
第4章 新たな社会モデルへ …… 38
引用文献 …… 54

岩波ブックレット No. 899

はじめに

私たちは今、どのような場所に立っているのでしょうか。私たちがその中で生きている日本という社会は、今どのような「かたち」をとっているのでしょうか。それを俯瞰《ふかん》的に把握するためには、この社会がたどってきた道を振り返ってみることが役立ちます。私たちを取り巻く日本社会がひどく行き詰まっているように感じられるのはなぜか、それを考えるためには、この社会の成り立ちとその変転を、一定の長さの時間軸に沿ってとらえ直すことを避けては通れません。

現在のこの社会の淵源《えんげん》を探る際に、どこまで時間を遡《さかのぼ》るべきかについては、たとえば第一次・第二次世界大戦の戦間期や、近代化の開始期としての明治維新、さらには近代化以前といったように、様々な見方や知見がありますが、ここでは最低限必要な遡り方として、第二次世界大戦の敗戦以降の日本に焦点を当てることにします。その理由は、後述するように、現在の日本を理解する上で不可欠な循環モデルの成立・普及・破綻という一連のプロセスが生じたのは、第二次世界大戦後においてだったからです。

本書の目的は、そのようなプロセスとその背景・帰結を説明し、そうした過去への理解に基づいて、これからの日本社会をどのように立て直してゆくかについて提案することにあります。言うまでもなく、生き物の病気を治すためにはまず診断が必要であるように、社会の行き詰まりを解きほぐし打開するためにも、まず分析が必要です。ただし、医師の診断がファースト・オピニオンとセカンド・オピニオンで異なる場合があるのと同様に、社会に対する分析も、唯一無二の正解があるとは限りません。しかし、以下の本書で述べること、特にその中核となる「戦後日本型循環モデル」という見立ては、このように考えると多くのことが説明できると、私なりに考えつくした内容です。そして、さらなる修正や代案や具体化に向けて考え続けてゆくための出発点でもあります。ちなみに、私がこのモデルについて最初に書いたのは、二〇〇八年の「毀れた循環」という論考においてでした（本田二〇〇八。以下、引用文献一覧は巻末参照）。それ以後も、私は度々このモデルについて触れてきましたが（本田二〇一一など）、いずれもあまり紙幅を割けていなかったため、本書でより詳しく包括的に論じておきたいと考えたのです。

　私が本書を読者に提示したいと考えたのは、現在の日本において、過去への分析に基づいた将来の社会展望ではなく、粗雑な、しばしば事態をもっと悪化させるだけのように見える「改革」が、数多く進められているように見えるからです。たとえば、規制が機能していないところにさらに「規制緩和」と「自由化」を持ち込む、資源や手段が枯渇しているところにいっそうの締めつけや精神論を持ち込む、といった具合にです。あるいは、相互に矛盾するような「改革」が、思いつきのようにばらばらと実施されたりもしています。そうして必然的にうまくいかない状況をごまかすために、社会の内外にわかりやすい「原因」や「敵」を無理矢理見つけ出して叩くことでうっぷんを晴らそうとするようなふるまいが、「強い人」の中にも「弱い人」の中にも広がっているように見えます。

　これでは何も良い方向に進みません。それどころか、混迷や窮状は深まるばかりです。もっと社会を広々とよく見渡して、もつれや凝り固まりをもみほぐし、破れ目につぎをあてる、冷静で地道な営みがどうしても必要です。そのための見取り図を描きたくて、私は本書を書きました。

読んでくださった方々から、ご意見をいただけるとうれしいです。ここから、開かれた議論を始めたいのです。ただ、あまりのんびりとはしていられません。すでに苦しい人々がたくさん現れており、しかも社会の維持さえ難しくなるような危機はもう目の前に迫っているからです。だからこそ、できるだけ多くの人々が、しっかりと目を開いて見つめ、考え、動かなければなりません。どうか、あなたも、そこに加わってください。

第1章　戦後日本の二つの転機

社会指標の長期的推移

戦後日本社会はどのような歩みをたどってきたのでしょうか。七頁の**図1**は、一九六〇年代半ばから現在にいたるまでの時間の流れを横軸にとり、その間に継続的に統計がとられていたいくつかの社会指標の推移を、まとめてグラフ化したものです。縦に刺さっている二本の破線は、戦後日本を時期区分するとすれば、その区切りとなる二つの時期を表しています。それら二つの時期とは一九七〇年代前半と一九九〇年代初頭であり、言うまでもなく、前者は石油危機が発生した時、後者はバブル経済が崩壊した時です。

この二本の破線によって区分される三つの時期は、経済成長率の変化とぴったり符合しています。政府の国民経済計算に基づけば、図１の左端の時期に当たる一九五六年から一九七三年までの平均経済成長率は九・一%ときわめて高く、この頃はまさしく**高度経済成長期**でした。石油危機を経て経済成長率は明らかに下がりますが、それでも一九七四年から一九九〇年までの平均経済成長率は四・二%とまずまずの水準であり、二本の破線に挟まれた期間は**安定成長期**であったと言えます。ところが、バブル経済の崩壊を経て、経済成長率はもう一段階下がり、一九九一年から二〇一二年までの平均は〇・九%にすぎません。この時期には、マイナス成長の年もたびたび現れており、日本経済は明らかに**低成長期**——もしくはゼロ成長期——に入り込んでしまっています。このように、戦後日本社会は一歩ずつ階段を下りるように、経済がだんだん膨らまなくなるというプロセスをたどってきました。

こうした経済成長率の推移と対応した変化が、図1の様々な棒グラフや折れ線グラフに表れています。グラフの形状を見ていただければ、石油危機の前後の変化よりも、バブル経済崩壊を契機とした変化のほうが著しいということが、すぐ把握できるはずです。一九九〇年代以降に大きく増えているのは、完全失業者（仕事をしておらず、仕事があればすぐ就くことができ、仕事を探している者）数、非正規雇用者比率、生活保護世帯数、貯蓄非保有世帯比率など、仕事・賃金・貯金といった生活の物質的基盤が失われていることを意味する指標です。経済が成長しなくなる中で、仕事に就けない、就けたとしても不安定で低賃金の仕事である、金銭の蓄えがない、そして公的扶助の対象となる人々が明らかに増大しており、いわば社会の「底が抜けた」状態になっていることを、図1は示しています。

しかし同時に、九〇年代以降は大学・短大進学率も伸びています。私立大学が多く、学費が高額で、奨学金制度も十分には整備されていない日本の高等教育への進学率が、社会の「底が抜けた」時期に上昇しているのです。ここには、文部科学省が大学入学定員の規制を緩和したことに加え、新規高卒労働市場が著しく縮小したことなど、複数の要因が絡んでいますが、もっとも直接に反映されているのは、個々の家庭が経済的に無理をしてでも子どもを大学に進学させる選択をしてきたということです。労働市場は厳しくなっているにもかかわらず、あるいは逆に、労働

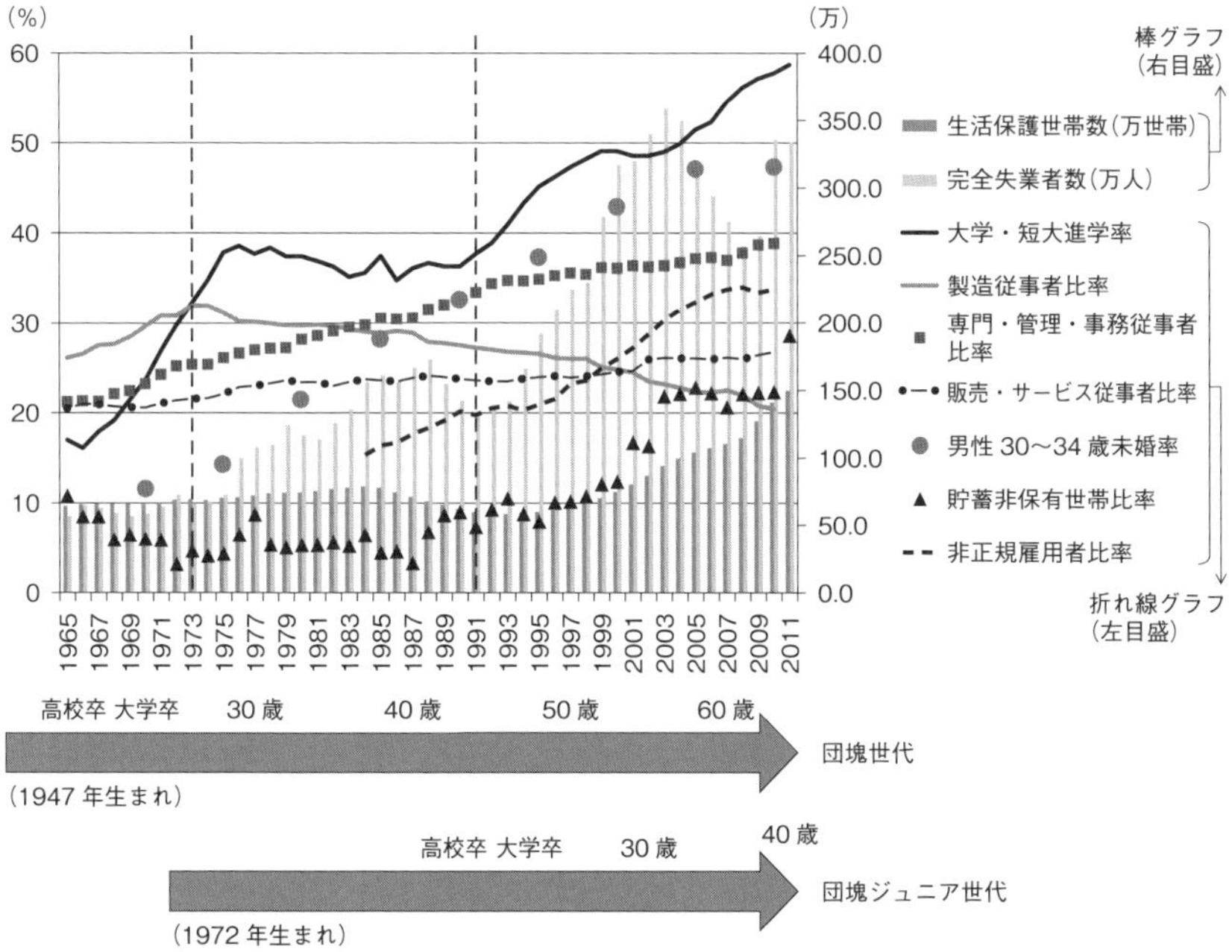

データ出所) 生活保護世帯数：厚生労働省「被保護調査」，完全失業者数：総務省「労働力調査」，大学・短大進学率：文部科学省「学校基本調査」，製造従事者／専門・管理・事務従事者／販売・サービス従事者／非正規雇用者比率：総務省「労働力調査」，男性 30〜34 歳未婚率：総務省「国勢調査」，貯蓄非保有世帯比率：金融広報中央委員会「家計の金融行動に関する世論調査(二人以上世帯)」

図 1　戦後日本の 3 つの時期

市場が厳しくなっているからこそ、大学教育を受けることで、子どもにできるだけ「ましな」仕事を得させようとする保護者の行動が顕在化しているのです。しかし、学費が高額でありながら学んだ内容が仕事の世界で評価されにくいという特徴をもつ日本の高等教育が拡大することは、その出口において生じる矛盾をいっそう大きくしているのですが――。

戦後日本の時期区分に関するこれまでの議論

このような戦後日本の時期区分については、これまでにも様々な議論がなされてきました。社会学者による主な議論をまとめたものが**表1**です。それぞれ、高度成長期、安定成長期、低成長期という三つの時期や、その内部をさらに分けた各時期について、様々なキーワードを用いてその時期の特徴を表現しています。

表1に挙げた例の多くでは、高度経済成長期については「理想」「夢」「黄金」といった表現が用いられており、日本社会が政治的・経済的な目標に向かって突き進むような活力をもっていた時期として捉えられています。また安定成長期については、「虚構」や「消費社会」などのキーワードが多く、物質的な成長が一段落した後で、情報やデザイン、フィクションといった非物質的な次元に経済や社会がフロンティアを求めるようになっていたことが着目されています。しかし、それに続く一九九〇年代以降の低成長期については、社会学者によって捉え方が様々に異なっており、現在を含むこの時期については、まだ見方が収斂《しゅうれん》していないといえそうです。

本書は、これら既存の研究から多くを学び、それらから触発されています。しかし、第一に、

表1　社会学者による戦後日本の主な時期区分

	高度成長期		安定成長期		低成長期
見田(2006)	理想の時代，アメリカン・デモクラシーとソビエト・コミュニズム	夢の時代，あたたかい夢→熱い夢	虚構の時代，情報化／消費化社会		-
大澤(2008)	理想の時代，「アメリカ」→「マイホーム」		虚構の時代，消費社会，オタク		不可能性の時代，現実への逃避と極端な虚構化，他者という不可能性
高原(2009)	黄金の時代，日本的経営と自民党型分配システム		超安定社会，日本型福祉社会		日本型新自由主義
北田(2005)	反省の極限		抵抗としての無反省，消費社会的アイロニズム	~~抵抗としての~~無反省，消費社会的シニシズム	ロマン主義的シニシズム
鈴木(2011)	黄金時代		ポスト黄金時代，消費社会		SQ 社会

著者作成

これまでの指摘は各時期の特徴やその展開について現象記述的な性格が強いこと、第二に、先述のように一九九〇年代初頭以降の低成長期についての理解の仕方が拡散していること、という二つの面で、従来の指摘に不十分さを感じています。そして、それを補い、超えるためには、戦後日本の進んできた道とそこで形成されてきた社会の「かたち」を、より明確にモデル化することが役立つはずだと考えているのです。

二つの世代のライフコース

再び最初の図1に戻ると、その下部には、左から右に向かう二本の太い矢印が描かれています。この矢印は、日本の人口の中で特にボリュームの大きい二つの世代である、**団塊世代**と**団塊ジュニア世**

代のライフコースを、図1の横軸の時間の流れに合わせて示したものです。周知の通り、団塊世代とは第二次世界大戦敗戦後の一九四〇年代後半に生まれた第一次ベビーブーム世代であり、団塊ジュニア世代とは一九七〇年代前半に生まれた第二次ベビーブーム世代のことを意味していいます。厚生労働省の人口動態統計によれば、一九四七年から四九年までの各年の出生数は約二六〇万人、一九七一年から七四年までの各年の出生数は約二〇〇万人であり、いずれも当該期間の出生数の合計は八〇〇万人前後にのぼります。二〇一四年時点では団塊世代は六五〜六七歳、団塊ジュニア世代は四〇〜四三歳の年齢層であり、それぞれ人口規模は約六五〇万人・約七八〇万人となっています。〇歳から一〇〇歳前後まで幅広い年齢の人々が日本の人口を構成している中で、この二つの世代だけの合計が人口の一割以上を占めていることからも、その規模の大きさがうかがわれます。

この二つの世代のライフコースを図1に書き込んだ理由は、そこから戦後日本社会の変化と、世代間の落差とを同時に読み取ることができるからです。

まず団塊世代の生まれ年を仮に一九四七年で代表させ、そのライフコースを大まかにたどるならば、彼らが高校を卒業したのは一九四七年＋一八歳＝一九六五年、四年制大学を卒業したのは一九四七年＋二二歳＝一九六九年です。もっとも、この世代では高校進学率は六六・八％、大学・短大進学率は一七・〇％にとどまっていましたから、一九四七年生まれの人々の三分の一は、一九四七年＋一五歳＝一九六二年に中学を卒業して社会に出ていたことになります。すなわち、中卒、高卒、大卒いずれの学歴であっても、この生まれ年の人々が教育機関を卒業した時期は高度成長期でした。非常に人口規模が大きい世代であることから、もし社会に出た時期が高度成長期でなかったとすれば、この世代の失業率はきわめて高かったと想像されます。しかし、幸運にも当時は深刻な人手不足が社会問題化していた時期であり、彼らの大半は労働市場に吸い込まれてゆくことができていました。むろん、彼らの中には「集団就職」によって親元を遠く離れ大都市で職を得た者も含まれていましたし、職場での処遇には企業規模や産業、地域などによって大きな差がありました。また職場での仕事内容や昇進可能性は、個々人の学歴によって左右される側面も大きかったのです。しかしそれでも、この世代の、特に男性については、仕事に就くこと自体はかなりスムーズに達成されていました。

そして、一九四七年生まれ世代が二〇代半ばの頃に、石油危機が発生します。その後の一九七〇年代後半から一九九〇年代初頭までの安定成長期において、彼らは三〇代から四〇代前半という、まさに働き盛りの年齢層にあり、産業界の中核的な担い手となっていました。そしてこの時期は、経済成長率が石油危機前よりも低下したことにより、企業内での働き方は高度成長期に比べて苛烈なものとなっていました。高度成長期の「サラリーマン」から安定成長期の「会社人間」へ、という変化をその身に体現していたのが、団塊世代の男性であったといえます。

そして彼らが四〇代半ばの一九九〇年代初頭に、バブル経済は崩壊を迎え、日本経済は低成長期へと突入します。九〇年代から今世紀初めにかけて、一九四七年生まれの男性は、五〇代という、いわゆる「日本的雇用慣行」のもとでは賃金がピークに達する年齢層に達していました。この世代の従業員数の多さと、人件費負担の重さが、長期不況下の日本企業にとって大きな足枷《あしかせ》になっていたことは否定できません。彼らの一部は「リストラ」の辛酸《しんさん》をなめたでしょうが、他の大半は定年まで勤めあげ、二〇一二年に六五歳になり退職期を迎えました。

他方の団塊ジュニア世代については、ここでは生まれ年を一九七二年で代表させましょう。彼らが高校を卒業したのは一九九〇年、四年制大学を卒業したのは一九九四年です。なお、この世代では高校進学率は九三・九％、大学・短大進学率は三六・三％であり、先の団塊世代と比べて中卒で社会に出る者はきわめて少数となり、大学進学率は倍増しています。この団塊ジュニア世代が高校を卒業した一九九〇年頃の時期は、バブル経済のピーク期に当たっており、一九九一・九二年には新規高卒求人倍率は三倍を超えていました。しかしその後、新規高卒者への求人数・求人倍率はいずれも急激に下落し、一倍台前半で推移するようになります。それは新規大卒者についてもほぼ同様であり、リクルートワークス研究所の大卒求人倍率調査によれば、新規大卒求人倍率は一九九一年の二・八六倍をピークとして、その三年後には半減していました。

このように、一九七二年生まれの団塊ジュニア世代とは、高卒で就職した者よりも四年制大学まで進学した者の方が卒業時に厳しい就職状況に直面した、「端境《はざかい》」の世代です。すなわち、二〇一四年時点で四〇代に足を踏み入れつつある団塊ジュニア世代よりも後の世代は、そのほぼすべてが、先の図1における低成長期に教育機関から社会へと吐き出されてきたのであり、人生の最初の段階から、前述の団塊世代とは大きく異なる、生活基盤の底が抜け始めた社会状況に直面しつつ生きているのです。この簡略な振り返りだけをもってしても、一九九〇年代後半から今世紀初めにかけて「フリーター」「ニート」などのキーワードで注目されるようになった若年雇用

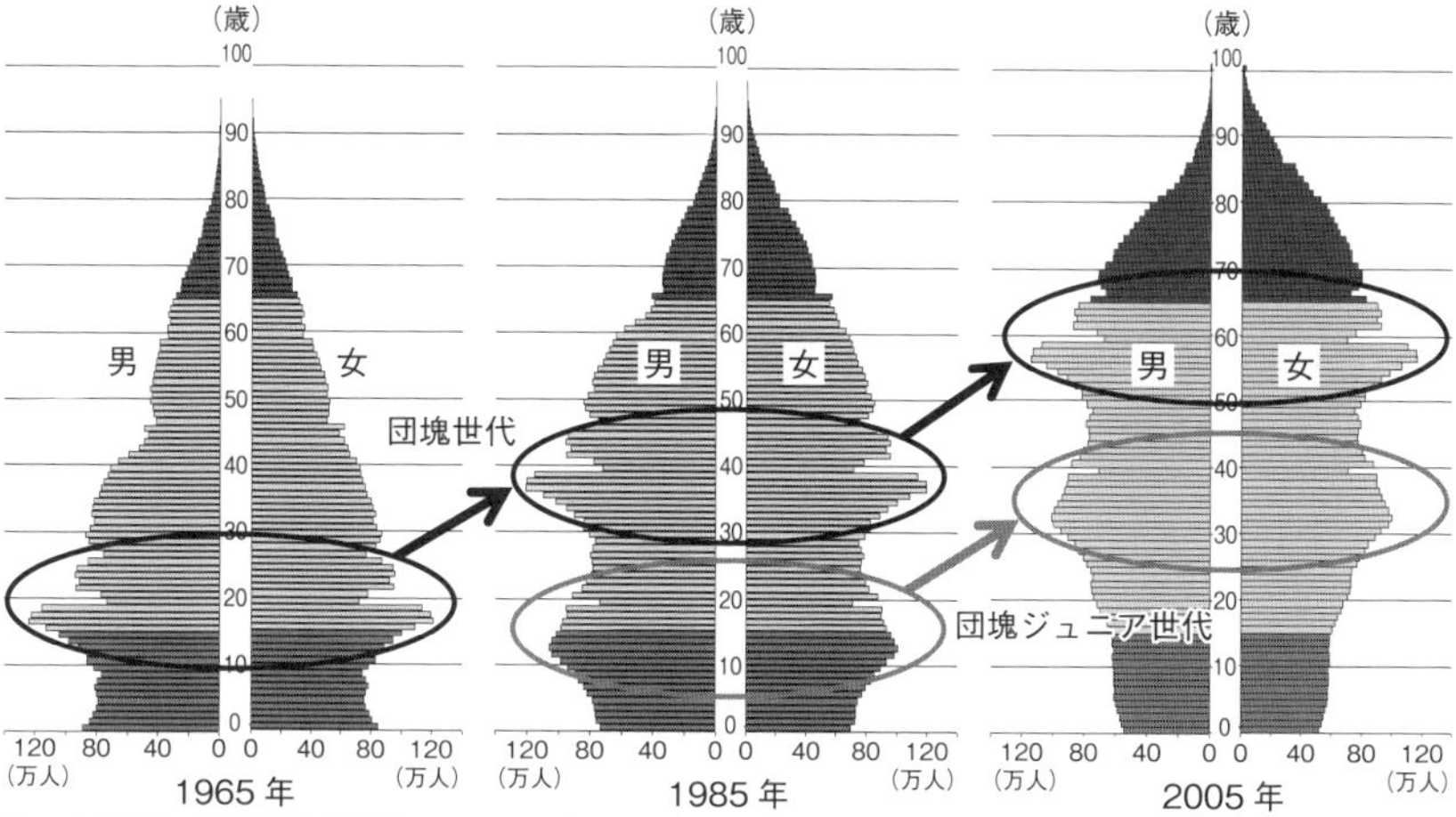

データ出所）総務省統計局ホームページ

図 2　2 つの世代を含む人口ピラミッドの推移

問題が、若者の「甘え」や「劣化」で説明できるものではまったくないことが確認されます。

図 2には、一九六五年、一九八五年、二〇〇五年という、それぞれ高度成長期、安定成長期、低成長期のただ中にあたる三時点について、この二つの世代を含む人口ピラミッドを示しています。高度成長期と安定成長期の主な担い手が団塊世代を示すふくらみであり、バブル経済崩壊後の「底が抜けた」社会状況に直撃されているのが団塊ジュニア世代とその後続世代であることを、この図からも理解していただけると思います。

第2章　戦後日本型循環モデルとは何か

戦後日本の「かたち」

では、前章で振り返った戦後日本の進みゆきを踏まえた上で、いよいよ、その過程でできあがってきた日本社会の「かたち」を検討する作業に進むことにしましょう。その際に私が提示したいのは、「**戦後日本型循環モデル**」という捉え方です。先に見た三つの時期区分に即して言えば、高度経済成長期に、この社会に特有な「かたち」であるところの「戦後日本型循環モデル」が形成され、石油危機からバブル経済崩壊までの安定成長期に、このモデルが定着・普及といわば「爛熟《らんじゅく》」を遂げ、そしてバブル崩壊後においてこのモデルがぼろぼろと崩れ落ちつつある、という三つのステップで、戦後日本社会を把握することができると考えているのです。

その戦後日本型循環モデルの内実を、具体的に概念図として示したものが**図3**です。**このモデルの最大の特徴は、仕事・家族・教育という三つの異なる社会領域の間が、①きわめて太く堅牢《けんろう》で、②一方向的な矢印によって、結合されていたということです**。この一方向的な矢印が、ある社会領域のアウトプットを、次の社会領域の存立を支えるインプットとして次々に注ぎ込むという形で、社会が文字通り「まわって」いたということが、戦後日本型循環モデルの特質なのです。

このモデルにおいて、政府は、公共事業などの産業政策を通じて仕事の世界を支えるという役割

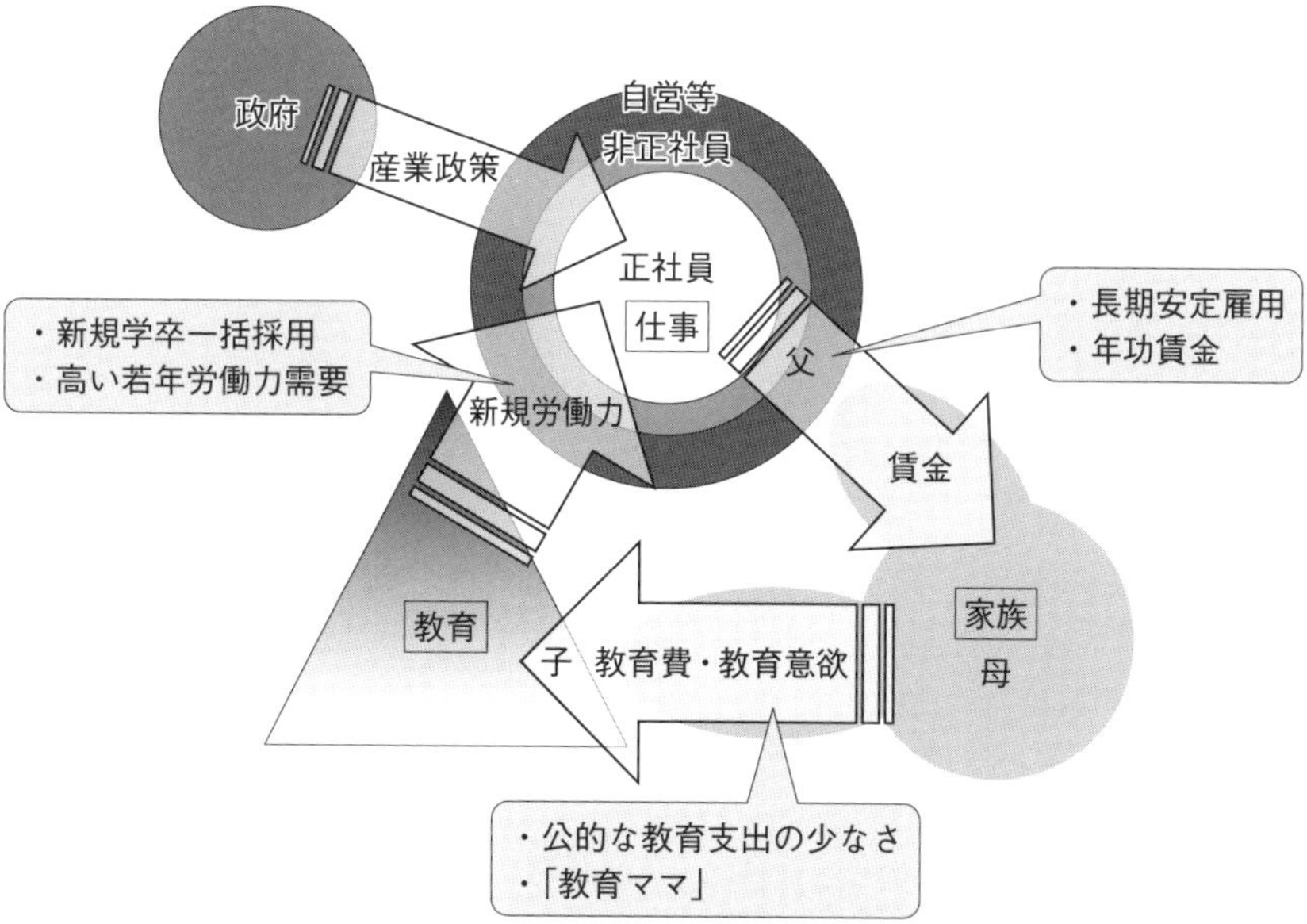

図３　戦後日本型循環モデル

を主に果たしていました。もちろん政府は、教育政策や、家族を対象とする福祉政策も一応は担っていましたが、それらの諸政策は仕事・家族・教育の循環を調整・補完するものにすぎず、財政支出も非常に抑制されていたため、社会を実質的に「まわして」いた本体は、三領域の間の循環だったといえます。

このモデルは、社会の「かたち」をきわめて単純化して示したものであることは言うまでもありません。そのため、日本社会の現実を細かく精査していけば、このモデルからはみ出すような現象も見出されることは、ある意味で当然です。しかし、いったんこのようなモデルを社会の基本的な骨格として示すことで、様々な個別事象をその上にちりばめる形で理解することが可能になると考えています。

この戦後日本型循環モデルと同様に、仕事・家族・教育の関係に着目して戦後日本社会の成り立ちを捉える見方は、これまでにもいくつか示されてきました。たとえば、乾彰夫は、高度成長期に成立する「戦後型青年期」の特徴として、それが「「新規学卒就職」という制度に枠づけられながら大衆社会段階の市民へと移行していくルート」であり、「その期間の大部分は競争主義的な性格の強い学校へと吸収され、在学中はもっぱら家族と学校の保護と管理のもとにおかれるとともに、卒業と同時にその生活のほとんどが企業社会に包摂されるという形態」であることを指摘しています(乾二〇〇二、九八頁)。また、小玉重夫も同様に、「学校教育が企業でのトレイナビリティ(訓練可能性)と忠誠能力を養成し、また、企業戦士と受験戦士を支える家族がこの学校と企業との結合にリンクするという、家族、学校、企業社会のトライアングルの構図」を指摘しています(小玉二〇〇二、二五頁)。

ここで提示する戦後日本型循環モデルとは、これらの指摘に示唆を得ながらも、仕事・家族・教育という三領域の間の資源の一方向的な流れとその内実を、モデルとしてより明確に整理した形で示そうとする試みです。先の図3には、三つの領域をつないでいた矢印の中身を、フキダシを使って書き込んであります。まず、教育と仕事を結ぶ矢印の内実は、先に引いた乾彰夫も指摘している新規学卒一括採用という特異な採用慣行であり、さらにその背後にあったのは、特に高度経済成長期に顕著であった、新規学卒者に対する高い労働力需要でした。また、仕事と家族を結ぶ矢印の中身は、いわゆる「日本的雇用慣行」の主な構成要素であるところの、長期安定雇用と、年功的に上昇していく賃金でした。そして、家族と教育を結ぶ矢印が意味しているのは、家族（主に母親）が子どもの教育に注いでいた多大な費用と意欲であり、それを表す言葉が、戦後のマスメディアに繰り返し登場していた「教育ママ」という言葉だったのです。

このように見ると、これら三本の矢印がいずれも、他の先進諸国とは異なる日本社会の特徴として指摘されてきた事柄であるということが、おわかりいただけると思います。学校に在学している間に就職活動を行って内定を取り、卒業後に年度替わりとともにただちに入社式に出て「正社員」となるという、教育と仕事との間に時間的な隙間がまったくない「新規学卒一括採用」。それに乗って「正社員」になれば、もちろん企業の規模や業種、あるいは個人の学歴などによって賃金水準や昇進可能性には大きな差がありはしましたが、総じて雇用はかなり確実に維持され、賃金も上がっていくことが見込めていました。そして、その見込みに基づいて結婚して子どもをつくる、つまり家族をつくることができていました。家族をつくれば、主に父親が家庭に持ち帰ってくる賃金を、家族の主な支え手としての母親が受け取って、家電や自動車、住居などの消費行動に投入して家庭生活をだんだん豊かにしてゆく。それだけでなく、母親は子どもの学校や塾・おけいこごとにも熱心にお金を使い、子どもができるだけ高い学業達成をあげるように後押しをし続ける。このような一連の流れによって社会が「まわって」いた状態が、「戦後日本型循環モデル」なのです。

戦後日本型循環モデルの特質

ただ、図3は簡略化したモデル図ですので、それだけでは「戦後日本型循環モデル」の諸特徴を十分に表現しきれていません。そうした諸特徴として、以下にさらに六点にわたって説明を追加しておきましょう。

第一に、三領域をつなぐ太い矢印は、**〈ヒト〉**、**〈カネ〉**、**〈ヨク〉**がよじり合わさるような形で成立していました。ただし、それぞれの矢印によって、これらのうちのどれが最重要な流れとして前面にせり出すかには違いがあります。まず、〈ヒト〉とはまさに、ある領域から次の領域に人間が送り込まれていたということです。これがもっともよく当てはまるのは教育から仕事への矢印であり、そこでは高校や大学などの教育機関の卒業者が、労働力として労働市場に注ぎ込まれていました。家族から教育に対しても、子どもが教育機関に送り出されていたという点ではあてはまります。ただし、仕事から家族に対しては、仕事をもった人間が家族をつくっていたという点では〈ヒト〉の流れがあてはまりますが、働き手たる父親が毎朝家族（家庭）から職場に送り込まれていたという点では、むしろ逆向きの〈ヒト〉の流れが存在していたとも言えます。

しかし、仕事と家族の関係を把握するうえでは、前者から後者に流れ込む〈カネ〉のほうが重要な意味をもっていました。ここでの〈カネ〉とは、言うまでもなく賃金・収入です。家族が存続するために不可欠な資源としての〈カネ〉が、ほぼ仕事の世界からのみ流れ込んでおり、社会保障の支えはきわめて手薄であったということが、戦後日本社会を理解する上で押さえておくべき特徴です。この〈カネ〉の流れは、教育から仕事への矢印においては重要度が高くありませんが、仕事から家族に対してははっきりと収入が流れ込み、また家族から教育に対しても、学校教育への公的支出の少なさを補う形で多額の費用が投入されていましたので、この後二者についてはきわめてよくあてはまります。

そして、もうひとつの〈ヨク〉というのは「欲」のことであり、いわゆる「アスピレーション」、つまり地位達成意欲・社会的上昇意欲といった事柄を意味しています。この〈ヨク〉は、三つの矢印のいずれにおいても重要な役割を果たしていました。できるだけ高い教育を受けてできるだけ有名で大きな企業に就職し、できるだけ豊かな家庭をつくる、という欲望が、戦後日本型循環モデルを駆動させるエンジンのような働きをしていたからです。

このような、〈ヒト〉・〈カネ〉・〈ヨク〉が次々に注ぎ込まれるような仕事・家族・教育の関係は、戦後日本型循環モデルに対して、**三次元（３Ｄ）の立体構造**という特性を与えていたということが、図３に付け加えられるべき第二の点です。すなわち、図３における仕事・教育・家族という三領域は、実際にはこのページの紙から垂直に立ち上がる三角錐の形状をとっていました。三領域の間における〈ヒト〉・〈カネ〉・〈ヨク〉から成る矢印は、螺《ら》旋《せん》状に錐の頂点に向けて上ってゆくものとして人々に思い描かれており、それはたとえば高校進学率や「三種の神器」（白黒テレビ・洗濯機・冷蔵庫）、「新・三種の神器」（カラーテレビ・クーラー・自動車）と呼ばれた家電製品等の普及といった形で、ある程度は実現されてもいたのです。個人の生涯というタイムスパンの中でも、また、ある世代とその子どもたちから成る次の世代との関係においても、「みんながだんだんよくなっていく明日」は、様々な面でリアリティを持っていました。もちろんそれを支えていたのは、高度経済成長期および安定成長期において、経済のパイがほぼ順調に膨らんでいたという事実だったのです。

第三に述べておくべき点は、すぐ前で述べた螺旋状の3D的な上昇移動には、同時に、文字通り二**次元的・水平的な地域間移動**が重ねあわされていたということです。より具体的に言えば、上昇移動のベクトルは東京を典型とする大都市に向かう形で成立していました。地方から進学や就職を通じて大都市に出てゆくという地理的な移動の軌跡が、戦後日本型循環モデルにおいて顕在化していたのです。もちろん、そうした軌跡は、高度成長期にこのモデルが成立する以前から、日本にすでに存在していました。「立身出世」を夢見て、あるいは貧窮した農山漁村から追い立てられるように、大都市に流れ込む人の流れは、日本の近代化が開始した明治期以降、脈々と続いていていました(難波二〇一二)。しかし、それがかつてよりもずっと大規模に、かつ政策的に推進されるようになったのは、戦後日本型循環モデルの成立と同じ高度経済成長期でした。それはすなわち、先述の三角錐の頂点が、空間的な中心としての大都市と重ねあわされるような形で、周縁としての地方から大都市へと諸資源が吸い上げられ集中していく構造を、日本社会にもたらしていたのです。

第四に、戦後日本型循環モデルにおいては、**性別と年齢に応じた役割分業**がきわめて明確だったことも重要です。図3にも「父」・「母」・「子」という言葉を書き込んでありますが、「お父さんはお仕事がんばって、子どもたちはしっかり勉強して、お母さんはおうちを支えるからね」というように、成人男性は仕事の領域に、成人女性は家族の領域に、未成年者は教育の領域に、それぞれ専従的に関わるということが、戦後日本型循環モデルの特徴の一つです。社会を構成するメンバーが、属性(性別)とライフコース段階(年齢)に即して特定の社会領域に割り振られ、そこでの活動に特化するような構造を、戦後日本型循環モデルは含みこんでいました。そのような明確な役割分担は、ある意味では効率的な状態でしたが、すぐあとで述べるような問題を生み出す要因にもなっていたといえます。

第五に、戦後日本型循環モデルの形成とともに、教育・仕事・家族というそれぞれの領域の中では、それらを構成する細胞のような個々の組織・集団が、**対外的には厚い殻をもち、対内的には強い凝集性と同調圧力をもつという特性**を備えていったということも指摘しておく必要があります。このモデルができあがってくる中で、教育に関しては学校・学級、仕事に関しては企業・職場、家族に関してはまさに個々の家族が、それぞれを構成するメンバーと非メンバーとの間に太い境界線を引き、メンバーに対しては集団内での上下関係（教師―生徒、上司―部下、親―子）を軸とした協調行動を求めるようになっていました。そうした集団としての凝集性や一体性は、時には上から下へ無理矢理に強制され、時には学校や会社での朝礼などの様々な儀式や仕掛けを通じて調達されていましたが、いずれの場合も、個人の行為や考え方の自由度・多様性を低下させる作用をもっていたことは否めません。

戦後日本型循環モデルに内在する問題

最後の第六番目の特徴として、これがもっとも強調しておきたいことなのですが、**戦後日本型循環モデルは、それが成立したとたんに、このモデルそのものを原因とするような様々な社会問題を生み出していた**ということです。同モデルは、一見すると、とても理想的な社会モデルのように思われるかもしれません。政府が多大な財政支出を行わなくても、教育・仕事・家族の間で「勝手に」、〈ヒト〉・〈カネ〉・〈ヨク〉という資源がめぐりめぐっていてくれたわけですから。

でも、実際に生じていたのは、社会領域間を結ぶ矢印があまりに太く堅牢になりすぎたがゆえに、その矢印の方が自己目的化してしまい、三つの社会領域それぞれの本質的な存在理由が空洞化していくという事態でした。比喩的に言えば、それぞれの矢印が、それが生えている根元の社会領域の養分を吸い取って枯らしていくようなことが、様々に起こっていたのです。何のために学ぶのか、何のために働くのか、何のために人を愛して一緒に暮らすのか。そのような、人間にとってとても重要なはずの、教育・仕事・家族の根本的な意味や意義を喪失させていくような機能を、戦後日本型循環モデルは本質的に含み持っていたといえます。私たちがいまだに囚《とら》われてしまっているこのモデルの遺制を相対化するためには、この視点を深めていくことがきわめて重要になります。

もう少し具体的に説明しましょう。例えば、教育と仕事を結ぶ矢印があまりにも存在感を増してしまったが故に、教育の世界の中では、「いい成績を取って、いい高校や大学に入って、いい会社に入る、そのために勉強する」といった、いわゆる学習への外発的動機づけが蔓延するようになっていました。それは今なおそうです。その結果、一九七〇年ごろから日本社会では数多くの教育問題が指摘されるようになっていました。受験競争の激化・早期化、その背後で進行する「落ちこぼれ」、あるいは競争のストレスなどからくる不登校や校内暴力、それらを押しとどめるための管理教育。日本の学校教育は、一九七〇年代から八〇年代にかけて、不満と鬱屈が渦巻く圧力釜のようになっていたということを、私たちは忘れてはいけません。

同じようなことが、他の二本の矢印についても言えます。仕事と家族を結ぶ矢印については、日本の家族が支えられている基盤というものは、主に父親が持ち帰る賃金以外にほぼない状態です。その結果、父親は、妻と子どもを養うためには、会社に何を指示されても受け容れて働き続けなくてはならない状況に置かれています。大事なはずの家族から離れて遠くに転勤を命じられても、これまでやったことがないような職種に配置転換を命じられても、時には法律に違反するような仕事を命じられても、自らの雇用を維持するためには受け容れて働かなければならない。このように、雇用を失うということは家族全員が路頭に迷うことですから、会社組織の言うことに従わなければならないという働き方を、日本の父親たちはしてきました。それが一九八〇年代に「会社人間」や「社畜《しゃちく》」などの言葉が生まれ、「過労死」がローマ字で表記されて世界的に注目されてしまうような、仕事の世界のあり方だったわけです。そこにおいては所属する企業組織の論理こそが第一に優先されており、個人が従事している仕事そのものの意義は後景に追いやられていました。もっとも、その代替として、会社と一体化することに働く意味を見出すという現象は広くみられたわけですが。

一方、日本の家族も、この循環の一部品としてしっかり組み込まれてしまっており、また先述のように父親は仕事の世界に、子どもたちは教育の世界に主な住み処《か》を持っていて、家庭に主に住んでいたのは母親だけという状況がありました。したがって、一応かたちとしては家族を構成していても、家族独自の親密な関係性や充実した余暇時間といったものは、これまで十分に成立してこなかったと言えます。むしろ逆に、親が子どもの教育達成に躍起になりすぎ、子ども側がその期待に応えられなかった場合、親子間に深刻な葛藤や軋轢《あつれき》――よく知られているのは一九八〇年に起きた「金属バット両親殺害事件」です――が生まれる事態になっていました。戦後に形成された「マイホーム」は、循環をまわすための欲望や休息を個人と社会が調達し、同時に循環の残余である乳幼児や高齢者などのケアを雑多に引き受ける「基地」として機能していたのであり、「近代家族」の重要な要素とされる「プライベートな親密性」は、むしろ形骸化していたのです。そうした家族の問題は、一九七〇年代から八〇年代にかけて、様々な小説や映画・テレビドラマなどの作品、あるいはノンフィクションや調査研究などの中で描き出されていました。

以上のように、戦後日本型循環モデルは、教育・仕事・家族という各領域の本質的な存在意義や価値を掘り崩すような特性を内在させていました。高度成長期から安定成長期の日本に生きていた人々は、何か変だ、何かに巻き込まれている、どこかおかしいという気持ちをずっと抱えながらも、この循環に乗っていればそうそう食いっぱぐれることはない、この循環から外れて生きる道はないというふうに、いわば、半ばあきらめてこの中で生きていたわけです。

ですから、戦後日本型循環モデルをノスタルジックに美化すべきではありません。それは自壊的な性質をもとより持っていたのであり、実際に一九九〇年代以降はそれが顕在化しているのです。

第３章　なぜ戦後日本型循環モデルが成立したのか

戦後日本型循環モデルが成立した背景

ではなぜ、戦後日本で前記のような諸特徴をもつ特異な循環モデルができあがったのでしょうか。それを考える際に重要なのは、仕事・家族・教育というそれぞれの社会領域がみしみしと変貌を遂げてきた――言い換えれば、それぞれの領域が近代的な形態をもつものとして「出来上がってきた」――ときの、**タイミング**と**スピード**であると考えられます。より具体的に述べるならば、日本では第二次世界大戦後の一九五〇年頃から一九七〇年頃にかけて、①仕事の領域における第二次・第三次産業の雇用労働の拡大、②家族の領域における「近代家族」化の進行、③教育の領域における義務教育よりも上の教育段階への進学率の上昇、という三つの現象が、同時に（タイミングの側面）、かつ急速に（スピードの側面）、生じました。これはすなわち、**戦後日本社会では、仕事・家族・教育という三つの社会領域の、実質的な意味での「近代化」の進行と普及が、時を同じくしてみるみるうちに起こった**ということなのです。この事実を、次頁の**図４**によって確認しておきましょう。

図４からは、次のことがわかります。第一に、仕事の世界における非農林業従事者比率は一九五五年時点では六三・九％でしたが、一九七五年には八八・二％にまで増加し、働く人の大半が第

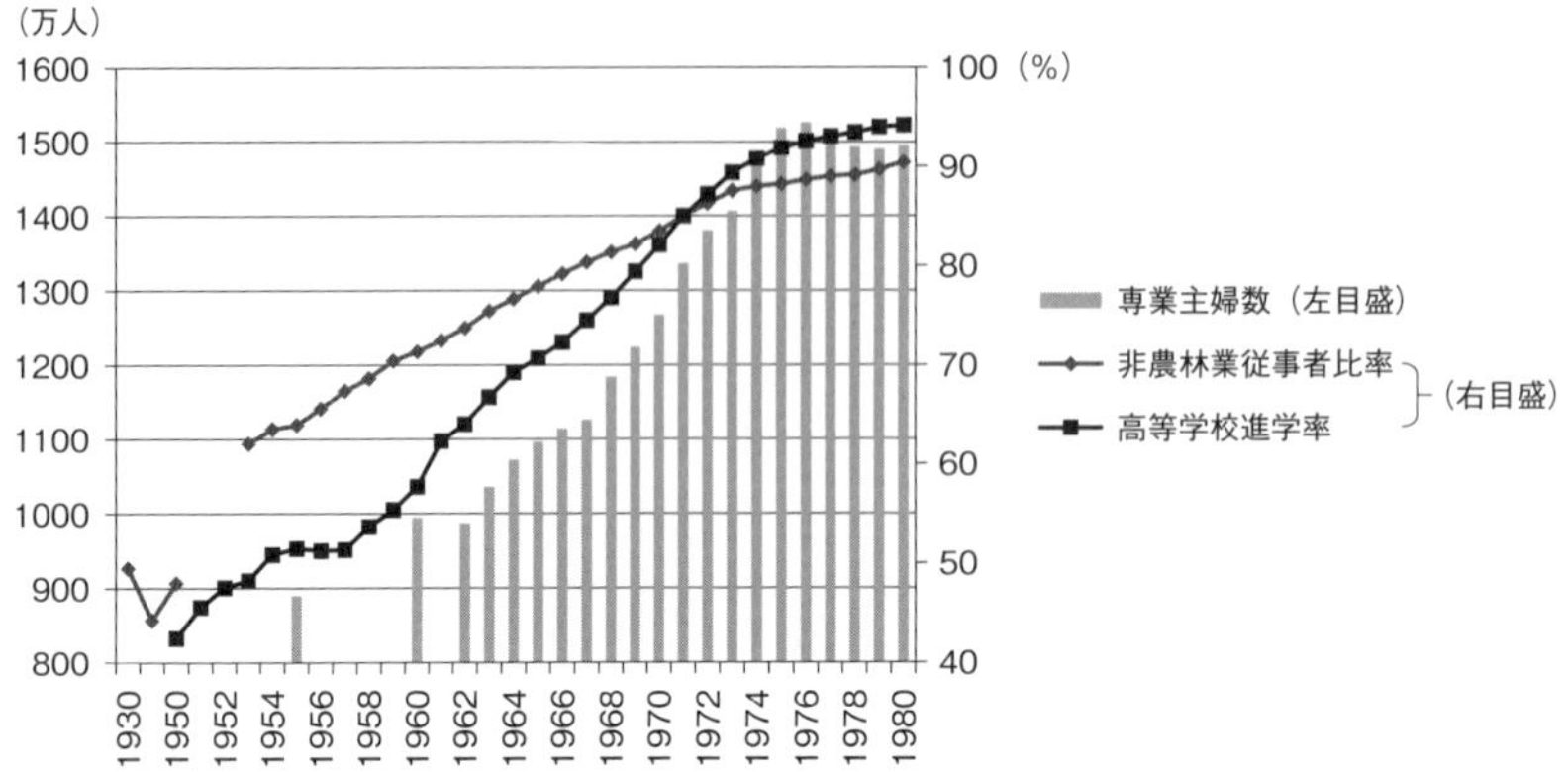

データ出所）非農林業従事者比率：1953年以降は労働力調査，それより前は国勢調査．専業主婦数（有配偶の非労働力女性数）：1962年以降は労働力調査，それより前は国勢調査．高等学校進学率：学校基本調査

図4　戦後における三領域の変化

二次・第三次産業という近代的な産業セクターで仕事に就くようになりました。これらの産業の従事者のうち、一部は自営や家族従業者の形態で働いていましたが、第二次産業では約八割、第三次産業でも七割前後は雇用者でした。規模は様々であれ、何らかの会社組織に属してそこから賃金を得るという働き方が、先に述べた二〇年間に大きく増加したのです。

さらに興味深いことは、近代産業セクター内部で従事する職業別の従事者数と、一九五〇年を1とした時の増加率を見ると（**図5**）、戦後の高度経済成長期には、ホワイトカラー（専門・管理・事務従事者）、グレーカラー（販売・サービス従事者）、ブルーカラー（生産工程・運輸・保安従事者）のそれぞれが、ほぼぴったりと一致する伸び率で増加していたことです。後述するように、他の欧米諸国では第二次産業である製造業に従事するブルーカラー労働者がまず先行して大きく拡大し、遅れてそれ以外の職種が増加し

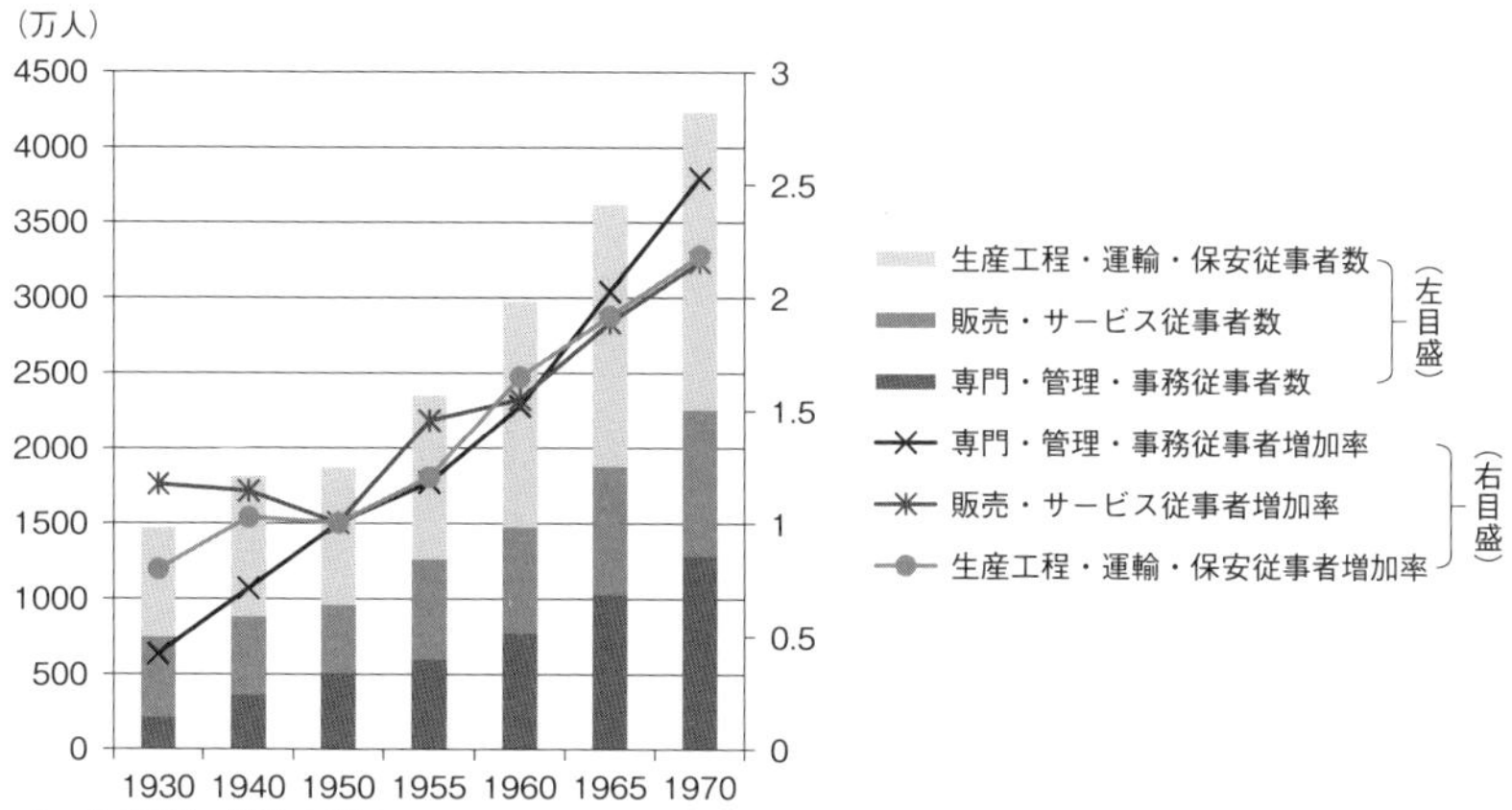

データ出所）労働力調査

図５　職業別従事者数と増加率の推移

たのに対し、日本ではホワイト・グレー・ブルーの各職種が同時に増大したのです。このようにフルセットで拡大を遂げていた雇用労働の世界に対して、農村や漁村から人々を選別しつつ送り込む機能を果たしていたのが、同時期に拡大を遂げていた学校教育でした。

図４から第二にわかることとして、一九五五年から一九七五年までの間に、専業主婦すなわち有配偶者の非労働力女性の数は、八九〇万人から一五一九万人へと二倍近くにまで増大しました。しばしば指摘されるように、一九七五年という年は女性全体の労働力率が四五・七％ともっとも低下した年であり、特に二〇代後半および三〇代前半において労働力率が低くなっていました。確かに、この時期にも、女性が結婚して育児を担う年齢段階では専業主婦になっていても、それ以前の若年期とそれ以後の中高年期には何らかの仕事（その多くはパートですが）に就いている割合が六〇％を超えていました。しかしやはり、結婚・出産後にいったん家庭に入って家事・育児に専念するというライフ

コース選択が、戦後の五〇年代から七〇年代に急拡大したということは確かです。

それが、すぐ前で述べた雇用労働化の進展と時を同じくしていたのは、ある意味で当然でした。落合恵美子が述べているように、専業主婦とはとりもなおさず「サラリーマンのおくさん」（落合一九九四、二二頁）なのであり、第二次・第三次産業の雇用労働者が増えるに従って、その妻である専業主婦も増えてきたのです。ただし、一九七〇年代半ば以降は雇用労働化の趨勢《すうせい》はそのままで女性の労働力化が進んできますので、女性の多くが人生の少なくとも一時期は専業主婦となるということが広がった一九五〇年代から一九七〇年代にかけての時期は、やはり独特な時期であったと言えます。それは女性にとって望ましいライフコースとみなされており、「「奥さん」に成り上がる夢の完成」（上野一九九〇、一九六頁。傍点は上野）がこの時期に成立したのです。そして、その後に女性の労働力率が上昇してからも、女性は家族のいわば「専従者」としての位置づけを担い続けてきました。こうして、サラリーマンの夫と専業主婦の妻、そして多くの場合二人の子ども、という「家族の戦後体制」（落合一九九四）は、高度経済成長期に社会を広く覆い、現在に至るまで家族の基本的な範型となっているのです。

図4が示している第三の事実は、中学校卒業後の高等学校への進学率が、一九五五年の五一・五％から一九七五年には九一・九％と九割を超え、準義務化と言ってよいほどまでに上昇したことです。ちなみに、同じ期間に高等学校から大学・短大への進学率は一〇・一％から三七・八％へと、これも大きく増加しました。言うまでもなく、戦後日本では中学校までが義務教育であり、義務教育とは国民として必要最低限の教育を受けることを国家が国民に求めるものです。その範

囲を超えて、人々がさらに上位の学校段階で知識や技能、教養、そして学歴を身につけることに価値を置き、実際にそれを獲得する行動をとり始めたのが、この時期だったわけです。

　当時の人々が高校や大学・短大の教育に見出していた価値は、その修了後に得られるであろう仕事や地位、収入といったことだけに還元できるものではなかったとしても、それらも重要な価値の一つとして念頭に置かれていたことは確かです。特に同時期に拡大していた雇用労働においては、近代的な第二次・第三次産業に含まれる仕事、特にホワイトカラー的な仕事を遂行する上で、後期中等教育や高等教育の教育歴が明らかに有利に働いていました。それゆえ、当時の人々がわれ先に、より高度な教育を獲得しようとしていた背景には、教育の先に仕事の世界を透かし見る視線があった――たとえそれが、雇用労働の世界において不利にならない程度の「ささやかな」期待(苅谷二〇〇八、一二七頁)であったとしても――ことは疑いえません。そして、その熱い視線を放っていたのは、教育を受ける本人のみならず、その親たちでもあったのです。すなわち、親たちが自分の代理人としての我が子を少しでも仕事の世界で有利にするために、より上位の学校段階へと送り込むことを望み、かつ実際に送り込める程度の家計状態が確保されつつあったことが、この時期の進学率の上昇を可能にしていたと言えます。

　今述べた、仕事・家族・教育という三つの社会領域において一九五〇年代から一九七〇年代にかけて起こった事象は、それぞれ個別にはすでによく知られていることです。でも、ここで強調したいのは、戦後日本において、雇用労働の拡大、近代家族の拡大、教育の拡大が、驚くほど同じタイミングとスピードで、手を携えて起こったということなのです。このような三領域の拡大の時期的な一致こそが、この三者の間にきわめて強固に噛《か》み合った独特な関係をつくり出してしまった。それが第2章で述べた、各領域が次の領域へと一方向的にアウトプットを注ぎ込むという特徴を持つ、戦後日本型循環モデルなのです。

このような、仕事・家族・教育の同時的な拡大という現象は、それを経験してきた日本という社会の中で生きていれば、当たり前のことのように思われるかもしれません。しかし、同じことが他の先進諸国でも生じていたわけではありません。たとえば、もっとも早くから産業化を開始していた国であるイギリスでは、義務教育後の進学率の上昇よりもずっと早い段階から雇用労働化が先行しており、その中でも製造業の生産労働に従事するブルーカラー労働者が多くを占めていました。そうした歴史が、イギリスについてよく指摘される「労働者階級文化」の分厚い形成をもたらしていたのです（ウィリス一九七七＝一九八五）。

イギリスよりはやや遅れますが、フランスやドイツなどの大陸ヨーロッパ諸国とアメリカでも、一九二〇～三〇年頃には非農業比率が七〇％前後に達していました。そしてこれら欧米諸国では、第二次世界大戦後にいたってようやく中等教育進学率の上昇が開始しますので、仕事の領域と教育の領域では、近代化に向けての変容のタイミングやスピードに相当のラグ（ずれ）があったわけです。家族についても、欧米先進諸国では、女性の労働力率は二〇世紀前半においてすでに低く、戦後は女性労働力率がむしろ上昇する時期に当たっていました（落合一九九四、二五頁）。

このように、他の先進諸国では仕事・教育・家族の三領域が近代化に向けて変化を遂げるタイミングやスピードがずれていたのです。それが、各領域が他の特定の領域を強く目的や前提とした上で作動することを防ぐように作用していたと考えられます。それぞれが、がちゃがちゃと跋《ば》行《こう》的に変化してきたので、社会領域間で息を合わせようもなかったというわけです。

しかし日本では、仕事・家族・教育のそれぞれが、ほぼぴったりと同じ時期に、それ以前のあり方から一斉かつ急激に変貌を遂げるということが、たまたまと言ってよいような歴史的経緯によって生じました。そして、三領域のそれぞれが、根底的で急速な、ある種、無理やりのような変化を遂げる際に、その無理やりの変化を実現する資源を調達するために、他の領域からのアウトプットを最大限に吸収し、活用したのです。高度成長を遂げる仕事の世界は教育機関から毎年毎年吐き出される新規学卒者を利用し、サラリーマンの夫、家庭を支える妻、ほぼ二人の子どもから成り、家制度から解放された近代家族は、仕事からの賃金収入によって全面的に支えられ、そして急激な高校進学率の上昇は家族の教育熱と出費なくしては不可能でした。何かを最大限に活用することによって成り立つという事態は、その何かがなくては困る、つまりそれに強く依存しているということでもあります。そのような、社会領域の一方が他方に強く依存するような関係こそが、戦後日本型循環モデルの中核的な特性なのです。

戦後日本型循環モデルの成立を支えた諸要因

戦後日本において、このようなタイミングとスピードで仕事・家族・教育が変容するという事態をもたらしていたのは、いくつかの偶発的で複合的な**環境要因**でした。ここで環境要因という言葉が意味しているのは、いわゆる自然環境のことだけではなく、歴史的な経路や偶然などを含む、人為的なコントロールが難しい場合が多いような所与の条件のことです。具体的には、**人口要因・国際関係要因・エネルギー要因・自然要因**という四つの要因が重要であったと考えられます。以下、それぞれについて簡略に説明しましょう。

(1)人口要因：戦後の高度成長期から安定成長期にかけての日本は、「人口ボーナス期」と言われる、一五～六四歳の生産年齢人口が多く、一五歳未満の年少者と六五歳以上の高齢者が相対的に少ない状態にぴったりと合致していました。これは多産多死社会から少産少死社会への過渡期に出現する多産少死状態を原因としており、豊富な労働力、特に安価な若年労働力が潤沢であることにより、生産と消費が活発化するとともに、ケアを必要とする年齢層が少ないことにより社会保障支出も抑えられることから、経済成長をもたらしやすいと言われています。日本でそれを牽引《けんいん》していたのは、言うまでもなく、第二次世界大戦後に大量に生まれた第一次ベビーブーマー、すなわち先述した団塊世代でした。

(2)国際関係要因：第二次世界大戦後の日本は、アメリカによる安全保障(いわゆる核の傘)に守られることで、「軍事負担を大部分アメリカに肩代わりしてもらい、経済成長に集中する事を選択した」(高原二〇〇九、九〇頁)といえます。東西冷戦下で日本はアメリカにとって極東における橋頭堡《きょうとうほ》としての意味をもっていましたから、アメリカ自身がそれを進んで選択していたのです。アメリカが東アジアにおける共産主義勢力を駆逐しようとして勃発した朝鮮戦争やベトナム戦争は、日本には戦争特需をもたらし、経済成長がいっそう促進されました。また、第二次世界大戦後の数十年間において、中国や韓国、インド、南米諸国などのいわゆる後発国はいまだ発展が遅れており、日本の経済発展を強く脅かすような存在とはなっていませんでした。このような国際関係の隙間で、日本国内の仕事・家族・教育は急速な発展を遂げることができていたのです。

（3）**エネルギー要因**：一九六〇年代とは、一九五〇年代に中東などで相次いで油田が発見されたのち、産業や生活を支える燃料が、石炭から石油へと急速に転換した時期、すなわち「エネルギー革命」もしくは「流体革命」の時期でした。輸送や貯蔵がしやすく、エネルギー源として効率が高いのみならず様々な製品への加工が可能な石油が大量に利用可能である時期であったことが、日本における産業化の速度を加速していたのです。

（4）**自然要因**：自然要因には非常に広い事柄が含まれますが、ここでは地震に着目します。四つの地殻プレートの接点にある日本では、歴史を振り返ると周期的に大地震が発生し、それが政治や産業・文化に大きな影響を与えてきたと言われています。しかし、戦後においては、一九九五年に阪神・淡路大震災が発生するまで、広域に甚大な被害を及ぼす巨大地震は起こりませんでした。それは、日本社会が急激な発展を遂げる上で、「ものすごい幸運」（萱野・神里二〇一二）として作用していました。

以上のように、戦後日本型循環モデルにおいて見出される仕事・家族・教育の間の独特な関係性は、各社会領域の生成・発展のスピードとタイミングに由来しており、さらにその背景にはそれを支えていた様々な偶発的な環境要因が存在していました。もちろん、これら以外にも、第二次世界大戦の敗戦までの歴史的過程で、その後の発展の素地が一定程度蓄積されていたことなど、他の要因も加えて考察してゆくことは可能かつ必要です。しかし、ひとまずはこのように日本社

表2　社会指標の国際比較

	管理職に占める女性比率（2011年）[a]	長時間労働者比率（2004～2005年）[b]	フルタイム・パートタイム間賃金格差（2010～2011年）[c]	一般政府総支出に対する公財政支出学校教育費の比率（2009年）[d]	大学生のうち国公立大学在学生比率（2011年）[e]	大学生のうち奨学金等の受給割合（2011年）[f]	家族関係社会支出の対GDP比（2007年）[g]
日本	11.9	39.2(15歳以上)	56.8	8.9	25	40	0.79
イギリス	34.5	33.5(25歳以上)	71.2	11.3	100＊	71	3.27
フランス	39.4	11.9(25歳以上)	89.1	10.4	91＊	31	3.00
イタリア	25.0	－	79.1	9.0	90	20	1.45
ドイツ	30.3	－	79.3	10.5	100＊	－	1.88
オランダ	29.6	2.2(15歳以上)	128.5	11.5	－	95	－
デンマーク	27.8	－	81.1	15.1	－	－	－
スウェーデン	34.6	－	83.1	13.2	100＊	95	3.35
アメリカ	43.1	23.5(16歳以上)	30.7	13.1	70	76	0.65
韓国	10.1	51.6(25歳以上)	－	15.3	23	－	－

データ出所）[a]～[c]は労働政策研究・研修機構『データブック国際労働比較 2013』，[d]は文部科学省『教育指標の国際比較 2013』，[e]・[f]は『図表でみる教育 2013 年版(Education at a Glance) OECD インディケータ』，[g]は厚生労働省ホームページ「社会保障・税一体改革について」

注：単位は%，－は数値が入手できない項目．[b]は男性雇用者の中で週 49 時間以上働く労働者が占める比率，[e]の＊は政府支出で運営される私立大学を含む

会を捉えることで、この社会の特異性を大づかみに理解することができます。様々な国際比較データを見ると、日本は特殊な値を示すことがしばしばあります。たとえば、女性の社会参加の度合いの低さ、長時間労働の多さ、正社員と非正社員の格差、学校教育への公的支出の少なさ、私立大学在学者の多さと奨学金受給率の低さ、高齢者以外への社会保障支出の少なさなどに関して、日本は特徴的です（**表2**）。これらの特徴はいずれも、戦後日本型循環モデルに由来するものです。ここからも、戦後日本型循環モデルは、日本社会の特徴を説明する上で有効性が高い見方であることが裏づけられているといえるでしょう。

【コラム】社会学を学ぶ人のために――学説史的な位置づけ

本書は検討の対象として日本に焦点を絞っています。しかし、このように社会を捉える見方は他の社会にも応用でき、社会間を比較する上でかなりの有用性をもつのではないかと私は考えています。つまり、日本だけでなく、他の多様な社会についても、主たる社会領域の形成のタイミングとスピード、それらが生み出す社会領域間の関係性を明らかにすることによって、現在の当該社会の特性や、その由来を説明してゆくことができるはずです。

従来の社会学、特に社会変動に関する理論において、個々の社会の特徴、社会間の相違を説明できる理論は意外なほど少ないのです。社会学理論を詳しく説明することは本書の主題からは逸れますので、ここでは概説するに留めますが、ロストウやパーソンズの近代化理論・社会進化論、マイヤーの合理的神話論などは総じて、すべての社会は遅速はあっても〈伝統的社会→離陸→近代社会〉というプロセスを経て同様な社会構造へと収斂していくことを前提とした理論であったといえます。そのような発想の背後には、欧米先進諸国の経験を普遍化して捉える西欧中心主義が潜んでいたことは否めません。さらに、近年の社会史の発展によって「複数の近代化」が存在することが見出されて以降、近代化論は解体しているという指摘もあります（佐藤一九九八）。また、ウォーラーステインなどの世界システム理論・従属理論は、支配的勢力である「中心」諸国に対して「周辺」諸国が従属し搾取されるという構造的な関係を指摘しました。しかし、これも別種の西欧中心主義という批判を免れえませんし、一部の後発国が飛躍的に経済発展を遂げ、むしろ先進諸国が行き詰まっている感の強い現状を見れば、その妥当性への疑念はいっそう強まります。

以上の諸理論と比べて、遅れて発展を開始したほど先進諸国の技術等を模倣・導入できるため加速度的に発展すると主張する、ガーシェンクロンやドーアの後発効果論は、日本を含む非西欧諸国の社会変動を把握する上で可能性をもつものです。しかし、「後発であるほど」という命題の立て方は、社会間の複雑な差異を説明するためには粗すぎる網のように思われます。一方、エスピン・アンデルセンに代表されるような、様々な社会をいくつかのレジームに類型化して捉えるような研究は、社会の成り立ちの違いを把握するには役立ちますが、静態的な分類学の性格が強く、各社会の来歴や変化を動態的に理解しうる枠組みとは言いにくいものです。さらに、アジア諸国の間の違いについては適切に説明できていないという批判もなされています。

このような点で、これまでの社会学理論は、各社会の特性を説明するというごく単純な目的に対しても、十分に応えることができてこなかったように思います。非常に注目されているルーマンの社会システム論でさえも、一般理論として構築されており、社会間のバリエーションを把握・説明するという観点が薄いのです。このような不満に対して、ある社会内の社会領域間の関係の形成過程、特にそのタイミングとスピードに注目するという枠組みが補える部分はかなりあるのではないか、と考えています。

なお、後発効果論をバージョンアップさせた最近の議論として、アジア諸国に関する「圧縮された近代」論、そして日本を「半圧縮近代」として捉える議論があります(落合編二〇一三)。「圧縮された近代」論とは、欧米では近代社会が成立(「第一の近代」)してから一定期間の安定期を経たのちにポスト近代化(「第二の近代」)が進展していますが、アジア諸国では欧米よりもずっと後の時期に両者の変化が同時に急速に「圧縮された」形で進行しており、それがアジア諸国に欧米とは異なる社会構造をもたらしているという見方です。そして日本は欧米とアジア諸国のちょうど中間の時期に「第一の近代」を短期間経験して「第二の近代」に突入している独特な社会であるとされ、「半圧縮近代」と呼ばれています。

図6は、出生率という指標を用いて、「圧縮された近代」・「半圧縮近代」論の根拠とモデルを示しています。この見方からすると、欧米ほどは「第一の近代」の成熟を見ることがなく、また他のアジア諸国ほどは一挙に急激な変化に見舞われているのではない日本という国は、短期間の「第一の近代」が強固に社

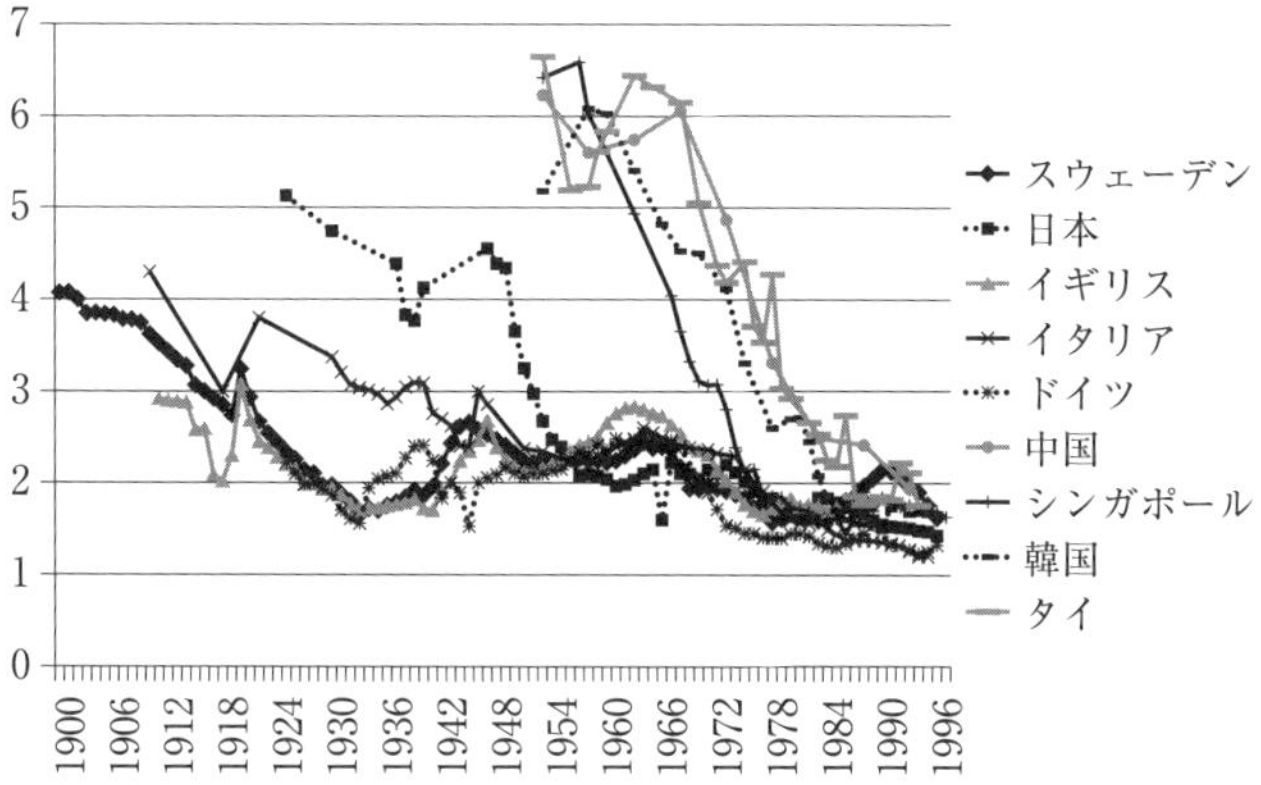

出典：落合編(2013)，15 頁

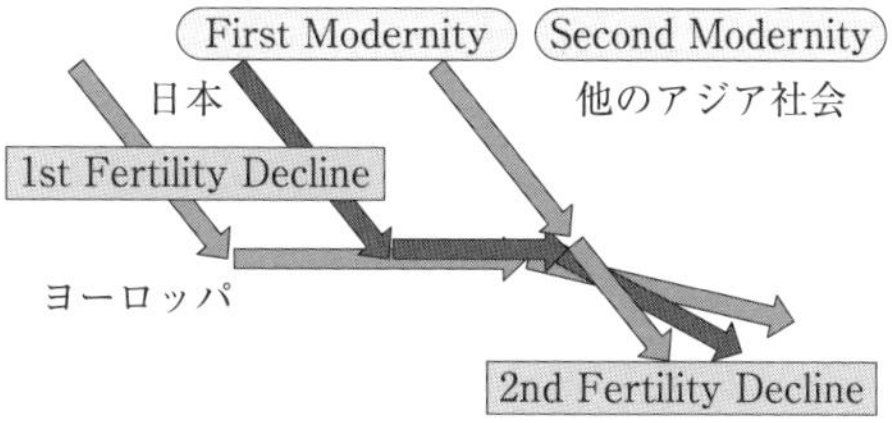

出典：落合編(2013)，15 頁

図 6　出生率低下と「圧縮された近代」・「半圧縮近代」

会に刻み込まれるという特殊な経路をたどってきたと言えます。この議論は、英・日・韓の比較により東アジア内での福祉レジームの相違を説明している武川正吾の議論(武川二〇〇七)とも呼応しており、社会変容のタイミングとスピードに着目する本書にとっても示唆に富むものです。「戦後日本型循環モデル」は、「半圧縮近代」としての日本の「第一の近代」の内実を、より具体的に示したものとして位置づけることができると考えます。

第4章　新たな社会モデルへ

破綻を迎える戦後日本型循環モデル

さて、先に述べた僥倖《ぎょうこう》ともいえる諸要因に支えられる形で、日本社会は高度経済成長期から安定成長期にかけて戦後日本型循環モデルを形成・成熟させてきました。しかし、第1章の冒頭で見たように、そうした時期はすでに過ぎ去り、私たちは今、戦後日本の三つの時期区分の中の第三の時期を生きています。そこでは、このモデルにいったい何が起きているのでしょうか。

前章で述べたように、戦後日本型循環モデルは仕事・家族・教育がぴったりと一致するタイミングとスピードで発展を遂げたことによって形成されたのであり、またそれを可能にしたのは、戦後日本においていくつかの複合的な環境要因が揃っていたことでした。このことは、逆に言えば、それらの環境要因が失われたとき、このモデルの存続もまた危うくなるということを意味しています。しかも、そうした社会外部の環境要因に起因する脆弱さだけでなく、戦後日本型循環モデルによって駆動されていた日本社会の内部自体にも、このモデルが備えていた諸特徴を原因とするような、様々な問題が堆積してきていたことは、すでに述べた通りです。それらが特に目立ってきていたのは、三つの時期区分のうちの安定成長期にあたる時期でした。

一九九〇年代以降に日本が低成長期に足を踏み入れたとき、戦後日本型循環モデルが抱え込んでいたそのような自壊的な脆弱さが、どんどん顕在化してくるという事態が生じました。これまでこのモデルをとにもかくにも維持していた外的環境条件は失われてゆき、それとともに社会内部の諸問題が、従来と同様のままでいっそう悪化したり、あるいは従来とはいくぶん様相を変えつつ新たな問題として浮かび上がったりしてきたのです。

九〇年代以降に戦後日本型循環モデルにおいてどのような形で破綻が現れてきたかを、一五頁の図3を描き変える形で示したものが次頁の**図7**です。**最大の変化は、これまで三領域の間に太く堅牢に成立してきた矢印の一部が、ある領域から別の領域に資源を注ぎ込める矢印とはもはや言えないような、ぼろぼろに劣化したものとなってきたということです**。それらを図7では、実線で描かれた矢印の隣に、点線の輪郭を持つ矢印として描いています。

第1章のはじめに示した図1に表れていたように、九〇年代以降の日本社会においては、生活を支える物質的基盤の「底が抜けてゆく」状態が発生していました。それは、仕事・家族・教育という三領域の間の資源の流れから零《こぼ》れ落ちてしまう層が顕在化したことを意味しています。そうした事態の震源地は、仕事の世界の変化でした。バブル経済崩壊後の景気の低迷。人口規模が大きい団塊世代が、五〇代という人件費がもっとも高くなる年齢に達していたこと。八〇年代末のバブル経済期に企業が新規学卒者の大量採用を行っていたことが結果的に余剰人員の抱え込みを意味していたこと。ＢＲＩＣＳ（ブラジル・ロシア・インド・中国・南アフリカ）の台頭による世界経済の附置の変容……。これらの理由から、九〇年代の日本企業は正社員の新規採用をきわめて抑制し、その代わりに様々な雇用形態の非正社員を活用することによって事業を維持するという

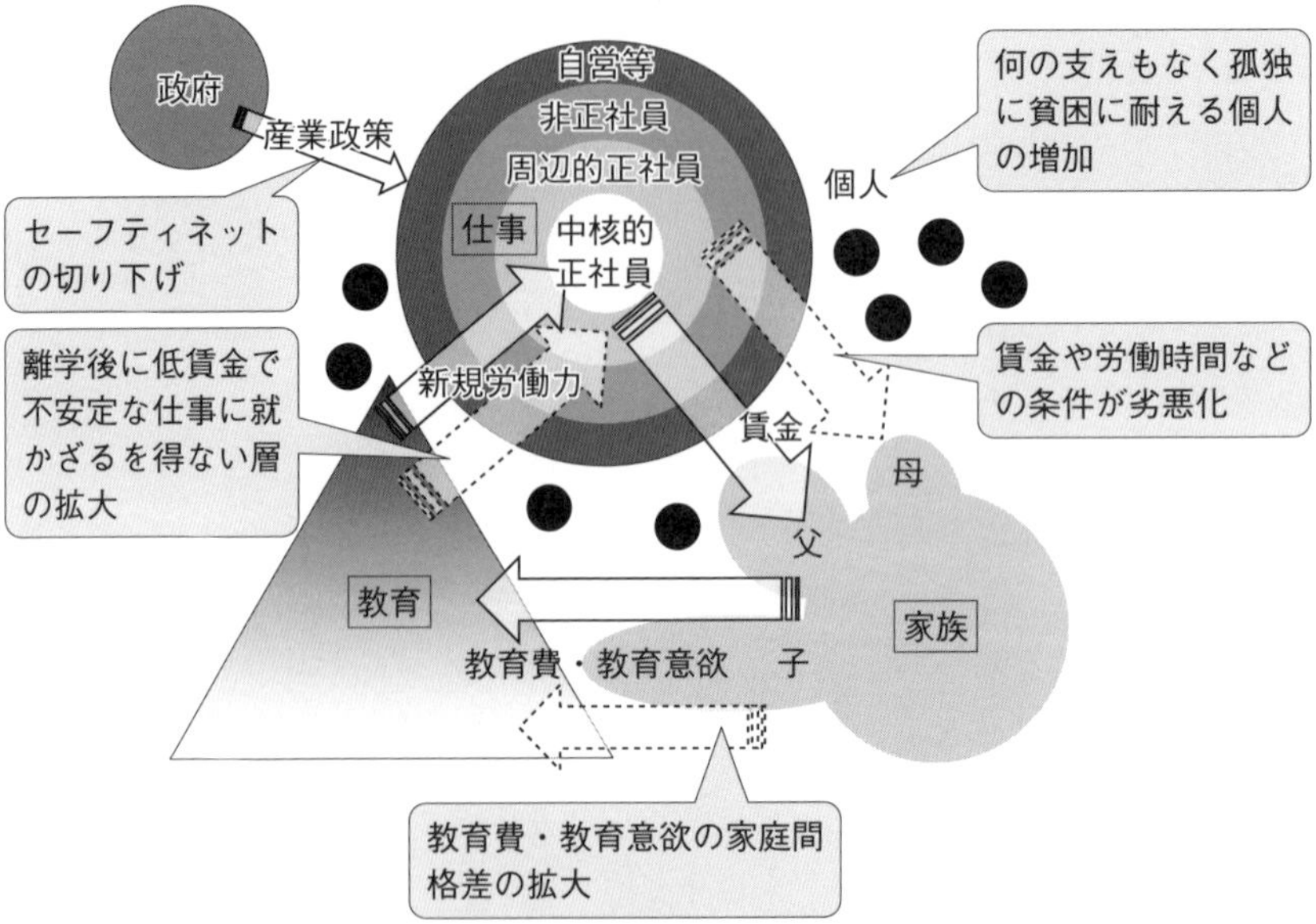

図7　戦後日本型循環モデルの破綻

選択をします。

よく知られているように、一九九五年に日経連(日本経営者団体連盟。現在は経団連と統合)が発表した『新時代の日本的経営』という報告書は、そうした企業の姿勢にいわば「お墨付き」を与えるものでした。有期雇用で賃金水準は低く、研修等の機会も限られる非正社員が、以前から存在していた主婦パートや学生アルバイトではない若年層にも拡大してきたのです。またそれだけでなく、正社員の中にも従来よりも労働条件の劣悪な「周辺的正社員」「名ばかり正社員」が増加します。長時間の過重労働を要請されるのに賃金水準は低いという働き方が、正社員の中にも目立って増えてきたのです。その最たるものが、「ブラック企業」(今野二〇一二)と呼ばれる、大量の人々を意図的に使い捨てにするような企業です。こうして、日本の仕事の世界の中では、雇用形態や労働条件の多様化・格差化と、全体としての劣悪化が、一九九〇年代以降、目に見えて進行してしまっています。

もともと密接に嚙み合っていた三領域の中の一つがこのように変化すれば、その影響は他の領域にも直接に及びます。教育を終えても安定性や将来性のある仕事に就けない者や、家族を形成して養うのに十分な賃金を仕事から得られない者が増えてきます。特に、社会がこのようにかたちを変えても、「男が働いて家族を食わすもんだ」という性別役割分業規範にはいまだ大きな変化がないため、「家族を食わす」に足るだけの収入が得られない若い男性は、労働市場においてさらに疎外されがちな女性にとって、結婚にふさわしい相手とはみなされなくなっています。こうして、晩婚化や非婚化、少子化が進行し、自分自身の家族を形成することすら難しくなっています。

何とか家族を形成できても、次世代である子どもの教育に注ぐことができる資源には、個々の家庭の家計水準などの格差を反映して、大きな差がつくようになります。一方では比較的余裕がある層の中には、厳しくかつ不透明になっている社会状況に対処しようとして、何から何まであったけのものを注ぎ込んで子どもをハイパーな人間にしようとする、過剰なほどに教育熱心な家庭も現れてきています。かつてはなかったような鉄棒の逆上がりの塾や理科の実験の塾も出てきていますし、子どもの就職活動に親が介入する度合いも増えてきています。大学の中で保護者向けの就職説明会を開くところはどんどん増えて、今や普通のことになっています。しかし、他方では子どもに何かしてやりたくても、それができるだけの金銭的・時間的・精神的な余裕がないような家庭も増えてきています。特に日本では、母子家庭の窮状がほかの国と比べても甚だしいことが繰り返し指摘されています。男性稼ぎ手モデルがまだ失われていない状況の中で、稼ぎ手たる男性がいない家族が、まず何よりも経済的に厳しくなることは当然です。

このように、子どもの教育に対して、家族がどれほど、どのような支えをしてやれるかに差が広がり始めている中で、教育の領域においては、各学校段階の教室の中で、子どもの教育達成の差が広がってきています。学校教育に対する政府・自治体の支出は依然としてきわめて抑制されているため、日本では一教室当たりの生徒数は先進国の中でも多いままです。小学校低学年に関してのみやや改善されていますが、それより上の学年では四〇人前後の教室は珍しくありません。そのような多数の児童生徒の中に、一方では通塾によって二～三学年も先のことを学び終えており、教室で学ぶことに対して全く関心のない児童生徒が、他方では家族の困窮や不和などでつらい思いをしているが故に学習に気持ちが向かわない児童生徒が、同じ教室の中に座っているのです。また家庭から学校への期待や要求がかつてより強まっている傾向も見られます。このように児童生徒の間に多様性や格差が広がり、これまでにはなかったような新しい要請も加わる中で、教育を維持していくことに困難を感じ疲弊を募らせてゆく状況に、日本の教員たちは置かれています。

こうして、図7の点線の矢印から零れ落ちる人々、つまり家族の支えも、教育達成や学歴という支えも、仕事の支えも得られない人々が、社会の各所で目に見えるようになってきています。そのような人々を、図7では小さな黒丸で示しています。ここ数年、社会で話題になっている、年越し派遣村に集まってきた人々、ネットカフェ難民、ホームレス、孤立死……。湯浅誠の言葉で言えば、生きていくための様々な〝溜め〟を喪失してしまった人々が、社会の表面に現れてきているのです（湯浅二〇〇八）。特に、もとより地方の疲弊が進んでいた上に、住まいや仕事の場が一挙に破壊されてしまった東日本大震災の被災地には、そのような問題が凝縮されて噴出しています。

このように厳しい状況が増す中で、日本の政府はもとより少なかったセーフティネットを拡充するどころか、むしろ切り下げる方向に進んできています。直近のこととしては、二〇一三年八月一日から、子どもがいる家族ほど生活保護額が切り下げられるという変更が実施されました。日本の政府は、財政難であることを理由に、資源の再配分により人々の生活を支えるというもっとも基本的な役割を、過去からずっと果たしてきていません。それでも戦後日本型循環モデルが何とか作動していた間はごまかせたかもしれませんが、いまや循環そのものが壊れているのに、その周囲も真空状態のような状況にある。これが今、私たちが生きている社会であり、この中のどこかに私たちは位置を占めて生きているのです。

このように、戦後日本型循環モデルが明らかに壊れ始めていながらも、まだ過去とほぼ同様な形で循環している部分も残っていること（図7の実線の矢印の部分）、そして社会が構造的に変化しているにもかかわらず、何が標準的で望ましい生き方かに関する価値や規範はいまだに戦後日本型循環モデルに深く準拠したものであることが、壊れ始めた部分の窮状をいっそう厳しいものにしています。かつての循環モデルに即したライフコース——しっかり勉強して、いい大学に入って、新卒でいい会社に入って、結婚して奥さんが家庭をしっかり守って子どもを育てる、という生き方――の実現が難しくなっていることを多くの人々が気づいているために、そうした従来型のライフコースは、むしろいっそう希少価値の輝きを放つものとして憧憬《しょうけい》の対象となる度合いが高まっているようにすら見えます。終身雇用や年功序列などの日本的雇用慣行を是とする若者、専業主婦になることを望む女性は、バブル崩壊後すでに二〇年以上を経た現在において、増加してさえいるのです。

私は、このような日本社会の現状に対して、強い危惧を覚えています。**かつての戦後日本型循環モデルは、もう維持することは不可能ですし、それが内包していた諸問題を思えば、維持しようとすることは望ましくもありません。**維持することが不可能だと考えるのは、何よりも、前章の最後で述べた四つの環境要因が、それぞれ大きく変化していることによります。

(1)人口要因については、急激な少子高齢化により、日本はすでに「人口ボーナス期」ではなく、その逆の「人口オーナス期」に足を踏み入れています。生産年齢人口は減り続け、年金や介護によって支えなければならない高齢人口が、今後みるみる増大することは繰り返し指摘されています。(2)国際関係要因についても、一九八〇年代までとはまったく様変わりしており、冷戦の終結後に国境を超えたヒト・モノ・カネ・情報の流動化が著しく進み、BRICSを典型とする後発国が経済発展を遂げて先進国の産業と雇用を圧迫するようになっています。(3)エネルギー要因については、エネルギー源としての石油の供給や価格が不安定化するとともに、地球温暖化の原因とされる二酸化炭素問題も石油使用に制約をかけるものとなってきました。石油に代わるエネルギーとされてきた原子力発電も、東日本大震災に伴う福島第一原子力発電所の大事故によって、その危険性がむき出しになりました。さらに、エネルギーのみならずコンピュータやICT（情報通信技術）など新しい技術の爆発的な発展により、産業と労働のあり方も変貌を遂げています。（4）自然要因についても、阪神・淡路大震災および東日本大震災を経て、日本社会が直面している災害リスクの大きさが露わになり、災害や気候変動への耐性を備えた、新たな社会基盤のあり方が求められるようになっています。

これらの理由により、過去の戦後日本型循環モデルを復活させ維持することはもうできません。しかもその破綻により、仕事の領域でも、家族の領域でも、教育の領域でも、極度に苦しい状態の人々があとからあとから生み出されてしまうような状況が、今発生してしまっているのです。

新しい社会モデルへ

では、私たちは、壊れてしまった戦後日本型循環モデルを超えて、いったいどのような社会像を目指してゆけばいいのでしょうか。

それを考える際の一つの手掛かりが、かつての戦後日本型循環モデルは矢印が一方向的だったが故にその矢印が肥大化し、循環の自己運動に教育も家族も仕事も飲み込まれていった面があったのですが、それならば、**その矢印を一方向ではなく双方向的なものに持っていく必要があるのではないか**ということです。双方向というのは、各領域の間に、互いが互いを支え合うとともに、互いを尊重しつつ連携する、バランスのとれた関係を生み出してゆくということです。

たとえば、家族に対して教育を費用や意欲の面で支える役割を求めるだけではなく、逆に教育が家族を支えるような役割がこれからずっと大事になってくるはずです。つまり、学校が地域の拠点として、児童生徒のみならずその背後の家庭が抱える困難を鋭く見出し、様々な社会サービスにつなげてゆく役割を強化してゆくことが必要だと考えます。現在の日本の学校においては、「児童生徒を平等に扱う」という規範が非常に強いため、問題を抱えている児童生徒に対して十分な対処ができていません。しかし、子どもや若者にとって学校はいわば社会との「臍《へそ》の緒」にあたるものですから、それを切ってしまうことは孤立する個人や家庭を生み出すことにつながってしまいます。ただし、学校が家族を支える役割を果たすためには、公的な支出を確保し教職員やスクール・ソーシャルワーカーなどの人員等を拡充することが不可欠です。

教育と仕事の関係に関しても、これまでは教育が卒業生をどんどん送り出せば仕事が受け取ってくれていたという関係がありましたが、それが機能する範囲は狭まっています。これからは教育と仕事との間に、教育内容をめぐる対話や、あるいは人々が一度仕事に就いたあとに再び教育に戻ってきて力をつけ直すといったようなリカレントな流れが、もっと必要になると考えられます。教育内容をめぐる産業界と教育界との対話に関しては、現状では産業界からの人材要求は「コミュニケーション能力」や「グローバル人材」といった抽象度が高いものになっていますが、それは形成方法や評価基準があいまいになりがちです。教育機関が責任をもって要請を引き受けることができるようにするためには、産業界はより具体的な知識やスキルの形で人材要求を表現する必要があります。

また、教育機関が産業界からの要求にすべて応えられるわけではありませんし、教育機関の役割がそれのみに限られるわけではありません。産業界からの要請にうまく〈適応〉できるだけでなく、違法な働き方や不合理で非効率的な仕事の進め方に対してきちんと〈抵抗〉し、是正できるための知識やスキルを若者に身につけさせる責任を、教育機関は担う必要があると考えています（本田二〇〇九）。そういう意味でも、教育が何をどこまで担うことが可能であり望ましいのかについて、産業界との間で踏み込んだ議論が必要だと考えます。

そして、家族と仕事の間にも、それらを両立できるような**ワーク・ライフ・バランス**が不可欠です。男が働いて女は家族を支えるといったような性別役割分担に固執することは、家計のリスクヘッジという点でも、少子高齢化のもとでの労働力の確保という点でも、そしてもちろん女性の活躍の機会を広げるという点でも、あまりに問題が大きすぎます。それならば、男性も女性も家庭と仕事を両立できるようにすることを考えていくしかありません。

いま述べた、教育と仕事、家族と仕事という二つの関係を前進させる上で、仕事の世界において「ジョブ」という仕切り線を現在よりも強化しておくことが役立ちます。「ジョブ」とは職務、つまり個々の働き手が担当する仕事の内容や範囲のことであり、多くの場合、一定の熟練や専門性に基づいて遂行される、ひとまとまりの行為を意味します。濱口桂一郎が丹念に議論を展開しているように（濱口二〇〇九、二〇一一、二〇一三）、日本の従来の正社員の働き方は、「ジョブ」の輪郭が希薄で、組織の一員としての身分を与えられる性格の強い「メンバーシップ型」でした。バブル経済崩壊後に企業が収益を上げることが難しくなる中で、このメンバーシップ型の働き方における苛烈さが強まっています。メンバーシップ型では、もとより企業からの無限定な要請を働く側が受容することが前提とされていましたが、その要請がいっそう過大なものになり、過重労働・長時間労働が広がることで、過労鬱や過労自殺などの問題も増加しています。先に触れた「ブラック企業」という言葉が二〇一二年頃から二〇一三年にかけていっきに人口に膾炙《かいしゃ》し、二〇一三年の流行語大賞にノミネートされるにいたったことの背景にあるのは、こうした日本独特なメンバーシップ型の働き方であると言えます。著しい過重労働や「ブラック企業」ではない職場であっても、「ジョブ」を基軸としない働き方においては、採用基準が「地頭《じあたま》」や「コミュニケーション能力」などの非常に不透明なものとなるため、就職活動は煩雑化や不公正化を免れません。それだけでなく、仕事に対して最大限のエネルギーや時間を求められれば、ワーク・ライフ・バランスなど実現するはずもありません。これらのようなメンバーシップ型の働き方の問題点に対処するためには、**「ジョブ型」の正社員**という、働く者の担当する仕事の範囲が明確であると同時に、雇用の安定性も一定程度確保される働き方を導入することが必要です。「ジョブ型」正社員(もしくは「限定型」正社員)は、解雇を容易にするためのものであるとする批判もありますが、そうではなく、解雇については厳格にルール化した上で、働く側の仕事と生活を守るための「ジョブ型」正社員を実現してゆくべきだと考えています(本田二〇一三)。

このような双方向的な矢印に支えられた領域間の関係は、戦後日本型循環モデルのように螺旋型に豊かさや地位が上昇してゆくことを前提としない、いわば「定常型」(広井二〇〇一)の社会を可能にするものであると考えます。しかし、そのための必要条件は、これまでのように教育・仕事・家族という三領域間の関係への過度の依存を改め、その周囲に、これら三領域のいずれかへの所属から外れた者を受け止める体制が整えられていることです。その体制は、**セーフティネット**と**アクティベーション**という「二枚の布団」から構成される必要があります。第一に、人が死ななくて済むぐらいのセーフティネットを整備することは、政府の最低限の責任であるはずですが、日本ではそれすら実現されていません。最後の砦《とりで》としての生活保護は、社会的視線の厳しさや窓口における拒否的な対応により、きわめて捕捉率が低く、必要な人に届いていません。今世紀に入ってから、餓死の報道が次々になされていることがその証左です。ですから、生活費や住居、食糧といった、もっとも基礎的な生活保障をまず社会に行き渡らせる必要があります。

ただ、苦境にある人々をどんどんセーフティネットで受け止めていくだけでは、財政的にも限界があることは確かです。そこで必要になるのが、アクティベーションという二枚目の布団です。アクティベーションは、アクティブになってもらう、ということです。つまり、セーフティネットの布団でいったん受け止めた上で、個々人の状態や意思に即した多様な支援を通じてもう一度元気になってもらい、その人に可能な範囲で、仕事を含む社会的な諸活動に携わってもらうというのが、アクティベーションです。具体的には、社会体験、職業訓練、いわゆる「中間的就労」などを意味しています。セーフティネットが、その人が現在生きていられることを保証するものであるのに対し、アクティベーションとは将来に向かって生きていけることを保証しようとするものです。ですからこの二枚の布団は、どちらが欠けてもうまく機能しません。アクティベーションも日本ではこれまでとても手薄でしたので、拡充がどうしても必要ですが、その際に、就労が難しいような心身の状態の人を強引に働かせたり、セーフティネットがないまま過酷で賃金水準の低い劣悪な仕事に就かせたりするようなことになれば、むしろ百害あるものになります。その人の状態によっては、セーフティネットの布団を外さずにアクティベーションにも参加してもらう、「半福祉・半就労」の形態が不可欠になる場合もあることを前提とした支援が、厚くなされていく必要があります。それらの財政的基盤は、政府の再分配機能によって保証されるべきですが、実働を担う主体は多様であってよいと考えます。NPOや社会的企業など、地域に即した柔軟な発想や機動性をもてる組織を活かしつつ、最低基準やルールなどに関しては社会全体を覆うナショナル・ミニマムを整えてゆくことが必要です。

以上に述べてきた、新しい社会モデルの構想を、図としてまとめたものが**図8**です。このモデルが全体として目指すのは、多様な状態の人々がそれぞれに、安心して、活力を発揮することができる社会です。システム間の関係に関しては合理性や有効性を追究し、その外側の「二枚の布団」に関しては、対等な目線でのいたわりとはげましが相互になされるような社会を、理念としては思い描いています。

先の図7とこの図8を見比べてみれば、前者を後者へと変革してゆくために超えてゆかなければならない遠い距離を実感していただけると思います。これは社会全体の設計に関わることですから、一朝一夕に実現できるようなものではないことは明らかです。ただ、もし、図8のようなモデルを目指していくということに共感していただけるなら、図7にはない、逆向きの矢印や、三領域の周囲を覆う部分を鍛えてゆく取り組みへと、できるだけ多くの方に参加していただきた

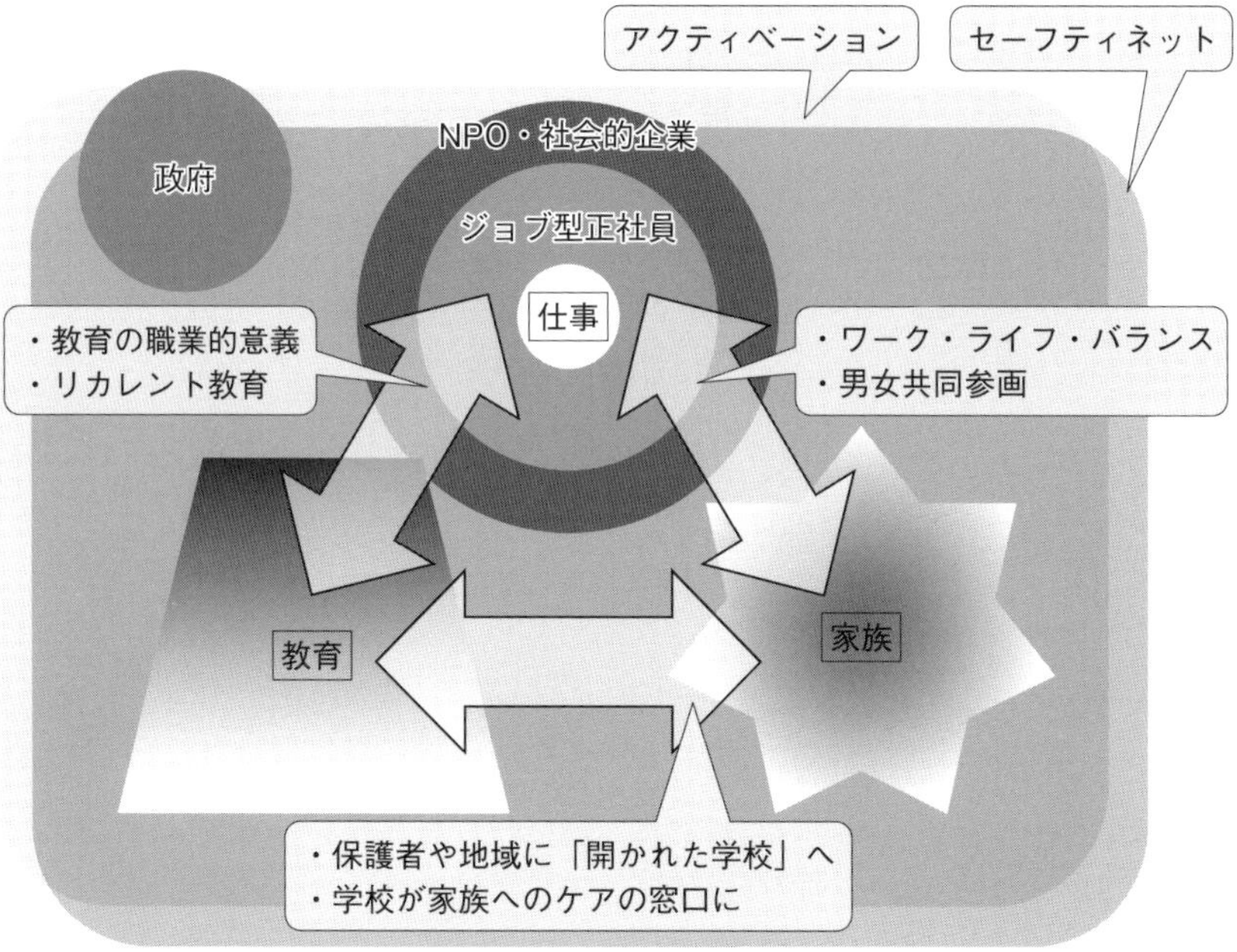

図8　新たな社会モデル

いと思うのです。

その際に超えなくてはならない障害も多々あります。第一に、財源の問題が常に指摘されます。これに関しては、本書では原則を示すにとどまりますが、一つには、富裕な者から困窮する者に対して資源を分配して不平等を軽減し、社会を維持可能にするということが公正な社会の必要条件であるということ、もう一つは、図8のようなモデルに向かっていったほうが、結局は経済的な活力やその結果としての税収が得られやすいと考えられることです。

第二に、戦後日本型循環モデルのもとで壮年期までの大部分を生きてこられた世代——団塊世代を中心としてその前後の層を意味します——が、まだ多大な財力や権力を握る地位にあるということです。そのような層は、自らが(多くの場合成功裏に)生きてきた社会の状況がどのような特質を帯びていたのか、そしてそれが現在はどう変化してしまったのか、どのように変えていく必要があるのか、といったことに関心さえ持ってもらえないことも珍しくありません。

第三に、戦後日本型循環モデルのもとで形成され、私たちの無意識にまで深く浸透してしまっている価値観や規範も大きな障害となります。すでに触れた性別役割分業規範もその一つですし、仕事と言えば大企業で正社員になることが最善であると感じてしまうこともそうです。さらに、「働かざるもの食うべからず」とか、「苦しいのは自業自得」といった、自己責任・個人責任を強調する発想も、非常に広範かつ濃厚に観察されます。これらは、戦後日本型循環モデルにおいて、私的な地位上昇の欲望が原動力となって社会が「まわって」しまっていたことに胚胎《はいたい》する考え方であると考えられますが、もう個人の行動や責任ではどうにもならないような構造的破綻が明らかになってきてからも存続しています。むしろ、社会成員の多くが何らかの意味で厳しい状況に直面するようになっている中で、他者や、自分自身に対しても、否定的で冷酷な視線で見てしまうようになっているということもあるかもしれません。

これらの障害は、どれもそう容易に克服できるものではありません。ただ言えることは、図7に示したような現在の社会状況の閉塞について、多くの人々が「このままではだめだ」という感覚を生々しく抱く度合いが高まっているように思えることです。そして希望は、むしろ低成長期になってから社会に出た世代――年齢で言えば現時点で四〇代前半以下の層――の中に、戦後日本型循環モデルの呪縛《じゅばく》に囚われず、むしろそこからの脱却や変革を意図的に志向し、力強く行動し始めている人々が、多々見出されるということです。

彼らを応援するためにも、私たちはこの社会の過去・現在・将来を明確に、かつ全体的に、把握する必要があります。本書がそのための一助となるならば、それ以上にうれしいことはありません。

（本文中、敬称略）

引用文献

乾彰夫、二〇〇二、「「戦後日本型青年期」とその解体・再編」『ポリティーク』Vol.3
上野千鶴子、一九九〇、『家父長制と資本制』岩波書店
大澤真幸、二〇〇八、『不可能性の時代』岩波新書
落合恵美子、一九九四、『二一世紀家族へ』有斐閣
落合恵美子編、二〇一三、『親密圏と公共圏の再編成』京都大学学術出版会
萱野稔人・神里達博、二〇一二、『没落する文明』集英社新書
苅谷剛彦、二〇〇八、「高度流動化社会」直井優・藤田英典編『講座社会学一三　階層』東京大学出版会
北田暁大、二〇〇五、『嗤う日本の「ナショナリズム」』日本放送出版協会
小玉重夫、二〇〇二、「公教育の構造変容」『教育社会学研究』第七〇集
今野晴貴、二〇一二、『ブラック企業』文春新書
佐藤俊樹、一九九八、「近代を語る視線と文体」高坂健次・厚東洋輔編『講座社会学一　理論と方法』東京大学出版会
鈴木謙介、二〇一一、『SQ　〝かかわり〟の知能指数』ディスカヴァー・トゥエンティワン
高原基彰、二〇〇九、『現代日本の転機』日本放送出版協会
武川正吾、二〇〇七、『連帯と承認』東京大学出版会
濱口桂一郎、二〇〇九、『新しい労働社会』岩波新書
濱口桂一郎、二〇一一、『日本の雇用と労働法』日経文庫
濱口桂一郎、二〇一三、『若者と労働』中公新書ラクレ
広井良典、二〇〇一、『定常型社会』岩波新書
本田由紀、二〇〇八、「毀れた循環」北田暁大・東浩紀編『思想地図』Vol.2

本田由紀、二〇〇九、『教育の職業的意義』ちくま新書
本田由紀、二〇一一、「教育・労働・家族をめぐる問題」芹沢一也・荻上チキ編著『日本を変える「知」』光文社
本田由紀、二〇一三、「教育と仕事の関係の再編成に向けて」宮本太郎編『生活保障の戦略』岩波書店
見田宗介、二〇〇六、『社会学入門』岩波新書
難波功士、二〇一二、『人はなぜ〈上京〉するのか』日経プレミアシリーズ
湯浅誠、二〇〇八、『反貧困』岩波新書
ウィリス、P.、一九七七＝一九八五、熊沢誠・山田潤訳『ハマータウンの野郎ども』筑摩書房（Willis, Paul, Learning to Labor: How Working Class Kids get Working Class Jobs, Westmead: Saxon House）

本田由紀

1964年生まれ．東京大学大学院教育学研究科教授．教育社会学．著書に『教育の職業的意義』(ちくま新書)，『軋む社会』(河出文庫)，『「家庭教育」の隘路』(勁草書房)，『若者と仕事』(東京大学出版会)，『多元化する「能力」と日本社会』(NTT出版)，『学校の「空気」』(岩波書店)，『教育は何を評価してきたのか』(岩波新書)，『「日本」ってどんな国？』(ちくまプリマー新書)など．

社会を結びなおす──教育・仕事・家族の連携へ　　岩波ブックレット 899

2014年6月4日　第1刷発行
2024年3月15日　第13刷発行

著　者　本田由紀《ほんだゆき》

発行者　坂本政謙

発行所　株式会社 岩波書店
〒101-8002 東京都千代田区一ツ橋 2-5-5
電話案内 03-5210-4000　営業部 03-5210-4111
https://www.iwanami.co.jp/booklet/

印刷・製本　法令印刷　　装丁　副田高行　　表紙イラスト　藤原ヒロコ

ISBN 978-4-00-270899-7　　Printed in Japan